U0584420

青少年体育运动
理论与实践研究

方安哲 ◎ 著

吉林出版集团股份有限公司

图书在版编目（CIP）数据

青少年体育运动理论与实践研究 / 方安哲著 . — 长
春 : 吉林出版集团股份有限公司，2023.4
ISBN 978-7-5731-3060-0

Ⅰ．①青… Ⅱ．①方… Ⅲ．①青少年—体育运动—研
究 Ⅳ．① G808.17

中国国家版本馆 CIP 数据核字（2023）第 041951 号

青少年体育运动理论与实践研究

QINGSHAONIAN TIYU YUNDONG LILUN YU SHIJIAN YANJIU

著　　者	方安哲
责任编辑	滕　林
封面设计	林　吉
开　　本	787mm×1092mm　　1/16
字　　数	215 千
印　　张	9.5
版　　次	2023 年 4 月第 1 版
印　　次	2024 年 1 月第 1 次印刷
出版发行	吉林出版集团股份有限公司
电　　话	总编办：010-63109269
	发行部：010-63109269
印　　刷	廊坊市广阳区九洲印刷厂

ISBN 978-7-5731-3060-0　　　　　　　　　定价：78.00 元

前　　言

　　当今世界各国国力的竞争归根结底是人才的竞争，而国民素质又是综合国力的要素之一，因此，各国政府均十分关注国民健康。青少年是国家人才培养的重点目标，所以，关注青少年的健康问题是一个不容忽视的课题。体育对增强青少年体质、促进其健康成长有着不可替代的作用。

　　本书将从笔者自身实际经验与理论基础来分析青少年的健康问题以及如何利用体育锻炼促进健康改善。本书主要研究了体育锻炼对青少年所产生的心理健康效应，运动干预措施对青少年健康体质水平提升的影响，并对身心综合健康促进干预的途径进行了系统的研究和分析。本书的研究较全面地揭示了以体育锻炼为主的综合干预体系与身心健康各种维度、症状之间的关系，为体育锻炼与健康促进等学科交叉发展打下了坚实的基础，并进一步丰富了该领域的理论研究成果。

　　由于笔者水平有限，时间仓促，书中不足之处在所难免，还望各位读者、专家批评指正，并不吝赐教。

方安哲

2022 年 10 月

目　　录

第一章 健康基本概念解读

第一节 健康的基本概念

人类有了健康才能生存,才能发展。健康是长寿的基石,是对社会、对自己、对亲人的责任,是人们存在的最佳状态,是亘古至今人类生命史上令人神往的共同目标,是自古以来人们十分关注的话题。21 世纪以来,人们对这个问题的认识和重视程度前所未有。人类文明发展到今天,我们应该依照知识生活,不应该遵从习惯生活。俗话说:"病来如山倒,不如预防早。"这句话说明了预防疾病和维护健康的重要性。21世纪追求健康是大趋势,有了健康才能轻松迎接 21 世纪的挑战。

一、世界卫生组织定义

健康的定义与科学进展密切相关。世界卫生组织(WHO)成立就提出了关于健康的概念,明确指出:健康不仅是机体没有疾病和虚弱,而且在躯体上、心理上及社会适应能力上都处于一种完美的状态。[1]1989 年世界卫生组织又为健康的定义补上了道德健康这一条。新的健康概念是:人体的健康分生理健康、心理健康、道德健康及社会适应健康四个层次,并且后面的健康层次是以前面的健康层次为基础而发展的更高级的健康层次。[2]道德健康是生理健康和心理健的发展,最高标准是"无私利人",基本标准是"为己利他"。传统的健康观是"无病即健康",现代人的健康观是整体健康,世界卫生组织明确提出:"健康不仅是躯体没有疾病,还要具备心理健康、社会适应良好和有道德。"[3]因此,现代人的健康内容主要包括:躯体健康、心理健康、心灵健康、社会健康、智力健康、道德健康、环境健康等。健康是人的基本权利,是人

---

[1] 于天源. 亚健康经络调理 [M]. 北京:中国中医药出版社,2009.
[2] 苏太洋,韩秀英. 健康新概念的内涵 [J]. 中国健康教育杂志,1998(1): 28-29.
[3] 张东风. 职业道德 [M] 第 3 版. 北京:中国劳动社会保障出版社,2018.

生最宝贵的财富之一；健康是生活质量的基础；健康是人类自我觉醒的重要方面；健康是生命存在的最佳状态,有着丰富深蕴的内涵。

二、健康的标准

根据WHO对健康的定义,健康的标准可概括为如下三条。

（一）躯体健康

躯体健康指人的肌体及其生理功能方面的健康,其中包括身体发育正常、体重适当、体形匀称、眼睛明亮、头发有光泽、皮肤有弹性、睡眠好,能够抵抗一般性感冒和传染病等。

（二）心理健康

心理健康指人的精神、情绪和意识方面的良好状态,其中包括智力发育正常,自我人格完整,心理平衡,有正确的人生目标和较好的自控能力,精力充沛,情绪稳定,处事乐观,能从容不迫地负担日常生活的付出和繁重的工作而不感到过分紧张与疲劳,思想和行为符合社会准则及道德规范,与周围环境保持协调,具有追求健康文明生活方式的主观愿望和自觉行动,能够对健康障碍采取及时、合理的预防、治疗和康复措施。

（三）社会适应性良好

社会适应性良好指人的外显行为和内隐行为都能适应复杂的社会环境变化,能为他人所理解,为社会所接受,且行为符合社会身份,与他人保持正常的人际关系。与此同时,还应该经受良好的文化教育,掌握与自身发展和社会进步相适应的科学知识或专业技能,培养从事工作、生产、劳动及其他社会事务的综合素质,不断地丰富人生经历、积累人生经验、增强社会适应能力。

以上三条,充分体现了健康所包含的躯体、心理的完好状态和社会适应能力三方面的内容。

对现代健康的理解,多数人还认为应包括以下几个方面。

快食:所谓快食,就是食欲旺盛,吃得痛快。一日三餐,饮食规律,感觉津津有味,不挑食、不偏食、不酗酒、进食量有节制,没有过饱或不饱的感觉。这充分说明消化吸收功能比较好。

快眠：快眠就是入睡快，能一觉睡到天亮。睡眠时间规律，性生活适度，不失眠，不做梦，醒后头脑清醒，感觉舒畅。这说明神经系统的兴奋、抑制功能协调，身体无病理信息干扰。

快便：便意来时，能顺畅排泄大小便。且排便时间规律，感觉轻松自如，粪便颜色无异常，无排便困难或疼痛及其他不适感。这说明泌尿系统及胃肠功能良好。

快语：语言流畅，语意清楚，语音清晰。说话中气足，无声音沙哑、含糊不清或反应迟钝、词不达意的现象。这说明头脑灵活、思维敏捷、心肺功能正常。

快行：行动自如、协调，迈步轻松、有力，转体敏捷，反应迅速。这证明躯体和四肢状况良好，精力充沛、旺盛。诸多病变导致身体衰弱，均先从下肢开始。例如，人患有内脏疾病时，下肢常有沉重感；心情焦虑，精神抑郁，则往往感到四肢乏力，身心交瘁。

良好的处世技巧：看问题，办事情，都能以现实和自我为基础。处世乐观，态度积极，尊重他人，善待自己，能够主动与人交往并被大多数人所接受。

三、健康的分级

在 WHO 的定义中，健康是完美状态，那么这是一种理想的状态。如果将死亡视为绝对的黑，健康状态即为绝对的白，在两者之间则是长长的灰色区域。此灰色由白到黑逐渐加深，形成一个坐标轴。每个人在其生命的每一时刻健康状态都处在这个坐标上的某个位置，少数人逼近白色端，少数人逼近黑色端，大多数人的健康状态散布在黑白之间。为克服将健康定义为一种完美状态所带来的操作性困难，WHO 于1957 年表述健康状态为"个体在一定环境遗传条件下能够恰当地表达其行为功能"；在 1984 年进一步补充"生活自理能力的丧失是健康丧失的终点"[1]。

根据这些概念，产生了健康的分级：第一级健康，或称躯体健康，包括无饥寒、无病弱，能精力充沛地生活和劳动，满足基本的卫生要求，具有基本的预防和急救知识。第二级健康，或称身心健康，包括一定的职业和收入，满足经济要求，在日常生活中能自由地生活，并享受较新的科技成果。第三级健康，或称主动健康，包括能主动地追求健康的生活方式，调节自己的心理状态以缓解社会与工作的压力，并过着

---

[1] 李艳群，王朝平. 体育与健康教学参考书（十一—十二年级）[M]. 石家庄：河北教育出版社，2005.

为社会做贡献的生活方式。

有些学者因此提出"亚健康"和"亚临床"观点。医学不能仅仅被动地救死扶伤，也不能为预防疾病而预防疾病，医学还应该帮助人们促进健康 —— 帮助每一个人积极地远离健康坐标的黑色端，移向白色端。这将是人类的医学事业在今后的主要方向之一。激发人们促进健康的意愿，帮助人们掌握促进健康的知识和技能，这个主要任务落在了健康教育的肩上。

四、影响健康的因素

（一）环境因素

环境中的有毒有害因素通过人自身的行为作为中介来作用于人体。所以，环境因素对人类健康的影响极大，所有健康问题或多或少都与环境有关。

1. 自然环境

自然环境是人类赖以生存的物质基础。环境污染必然会对人体健康造成危害。其危害机制比较复杂，一般具有浓度低、效应慢、周期长、范围大、人数多、后果重以及多因素协同作用等特点。如工作紧张、知识更新、信息过量引起精神焦虑；空气、水源污染，化学品充斥人居环境，电磁辐射等影响代谢平衡。气候变化对人类健康具有多重影响。有些影响是正面的，但多数是负面的。一方面，极热和极冷天气的变率、洪涝和干旱的频率、地方空气污染状况以及空气对居民健康都具有直接影响。另一方面，一些影响健康的因素主要来源于气候变化对生态系统和社会系统的影响，这些影响主要包括传染病的发病动态、区域粮食生产水平下降和营养不良以及由于人口流动和经济萧条对健康产生的各种连带影响等。

2. 社会环境

社会环境包括社会制度、政治、经济、文化、教育和社会稳定等诸多因素，也包括工作环境、家庭环境、人际关系等。不良的风俗习惯、有害的意识形态，也有碍于个人和群体的健康。因此，预防疾病，促进健康，重要的是改善环境。比如，压力过大、竞争加剧、就业困难、社会暴力和国际恐怖事件等会导致一部分人心态浮躁、心理失衡；精神抑郁、过度疲劳、过分透支体力等会使免疫力下降，造成亚健康状态人群明显增多，甚至占职业人群的60%~70%，久而久之，也就从量变逐渐转变为质变，危害健康。

（二）行为与生活方式因素

行为是完整有机体的外显活动，由内外部刺激作用于动物和人所引起。行为既是内外环境刺激的结果，又反过来对内外环境产生影响。人的行为指具有认识、思维能力并有情感、意志等心理活动的人对内外环境刺激所做出的能动反应。从公共卫生和医学的角度来说，人的行为可分为外显行为与内隐行为。外显行为：可以被他人直接观察到的行为，如言谈举止；内隐行为：不能被他人直接观察到的行为，如意识、情绪等，即通常所说的心理活动。但一般可通过观察人的外显行为了解其内隐行为。外显行为和内隐行为，如吸烟、酗酒及"七情六欲"，都可能对人自身或他人的健康产生影响。事实上，通过人自身的行为可以加强、减弱或避免对环境中有毒有害因素的暴露，也意味着接受、利用或排斥医疗卫生保健因素。我国人群肺癌死亡率正随着吸烟行为的增加而增加。生活方式是指人们长期受一定文化、民族、经济、社会、风俗、规范影响，特别是受家庭影响而形成的一系列生活习惯、方法、技巧、经验及观念。其中，一些不良行为和生活方式给个人、群体乃至社会的健康带来直接或间接的危害。如不合理饮食、吸烟、酗酒、久坐而不锻炼、性乱、吸毒、药物依赖、破坏生态、污染环境等。

（三）生物遗传因素

随着对疾病认识的不断加深，现已查明除了确定的遗传病外，许多疾病如高血压、糖尿病等的发生均包含一定的遗传因素。发育畸形、寿命长短也不排除有遗传方面的原因，同属于生物遗传因素致病范畴。

（四）医疗卫生服务因素

医疗卫生服务指医疗卫生机构和卫生专业人员为了防治疾病、增进健康，运用卫生资源和各种手段，有计划、有目的地向个人、群体和社会提供必要服务的活动。健全的医疗卫生机构、完备的服务网络、适当的卫生投入与合理的卫生资源配置等，对个人、群体乃至社会的健康都有积极的促进作用；反之，就不可能提供优质、高效、公平、合理的医疗卫生服务，进而影响民众的身体健康。目前，我国城乡卫生资源配置和卫生服务提供严重失衡，一方面城市医疗资源过剩，另一方面农村医疗资源严重缺乏，这对农村居民的健康水平造成了严重影响。

在影响人群健康和疾病的四类因素中，行为因素最为活跃，也相对容易发生变化。如美国历经 30 年的努力使心血管疾病的死亡率下降 50%，此成就的 2/3 归功于健康相关行为的改善。而且，美国学者通过对 7000 人为期五年半的研究，发现只要人们坚持七项简单的日常行为，就可以使人群的期望寿命有较大幅度的提高：每日正常而规律的三餐，避免零食；每天吃早餐；每周 2~3 次的适量运动；适当的睡眠（每晚 7~8 小时）；不吸烟；保持适当体重；不饮酒或少饮酒。医学专家，尤其是预防医学专家认识到通过改善人们的健康相关行为来防治疾病的重要价值，而改善人们的健康相关行为需要健康教育。因此，健康教育是人类与疾病做斗争的客观需要。这是健康教育走到疾病防治第一线的根本原因，同时也是健康教育所具有的最重要的意义。

第二节　健康的衡量标准

不同地区、不同国家的人，有着各不相同的健康概念和健康标准。这并不意味着没有一个可供人们遵循的健康概念，可根据地区、国家的不同，尽可能地达到各自的良好状态。

我们可从身体、精神、行为等角度出发，把主观表现和客观征象结合起来去探求健康概念。身体、精神概念较易理解，行为则是一个人在社会生活中对承担的责任和义务所采取的动态和动机。行为表现为社会性，每个人的行为必然会受到他人的影响。健康是人类生存发展的要素，它属于个人和社会。以往人们普遍认为，"健康就是没有病的，有病就是不健康"。随着科学的发展和时代的变迁，现代健康观告诉我们，健康已不再仅仅是指四肢健全，无病或不虚弱，除身体本身健康外，还需要精神上有一个良好的状态。人的精神、心理状态和行为对自己和他人，甚至对社会都有影响，因此，更深层次的健康观还应包括人的心理、行为的正常和对社会道德规范的遵守以及环境因素的完美。可以说，健康的含义是多元的、广泛的。

　　我们在充分考虑健康时必须区分是群体的健康还是个人的健康。群体的健康是采用统计学上的平均值，即在一定范围内某一个时期的健康指标应为正常值，偏离了就不正常；但是，偏离了正常值对于个人来说就不一定不健康，作为个人，健康的标准是一个人特有的。个体健康是现实的，群体的健康是理想的。健康是社会发展的组成部分，享受最高标准的健康被认为是一种基本人权，健康是社会对人类的义务，人人都享有健康平等的权利。

　　古往今来，人人都希望健康。因为健康总是与家庭的幸福、学业的成功和社会的发展联系在一起的。有人曾这样描述：人生有两大意愿，一是家庭幸福，二是事业有成。如果家庭幸福为 10 分，事业有成为 100 分，那么健康就是 0 前面的那个"1"，可见，没有健康一切都无从谈起。

　　什么是健康？按照传统观念和习惯看法"健康"一词多限于生理健康，主要是指躯体发育良好，生理功能正常，而很少考虑心理方面的健康。例如，《现代汉语小词典》对健康的解释为："（人体）生理机能正常，没有缺陷和疾病。"[1]《辞海》把健康界定为："人体各器官系统发育良好、功能正常、体质健壮、精力充沛并具有良好劳动效能的状态。"[2] 这样理解并不全面、不完整。人既是一个生物性的个体，同时也是一个社会性的个体。人的健康不仅受生物因素的制约，同时也受心理因素和社会因素的影响。世界卫生组织（WHO）1946 年成立时，在其宪章中对健康的含义做了科学的界定："健康乃是一种在身体上、心理上和社会适应方面的完好状态，而不仅仅是没有疾病和虚弱的状态。"[3] 也就是说，健康这一概念的基本内涵应包括生理健康、心理健康和社会适应良好三个方面，主要表现为个体生理和心理上的一种良好的机能状态，亦即生理和心理上没有缺陷和疾病，能充分发挥心理对机体和环境因素的调节功能，保持与环境相适应的、良好的效能状态和动态的相对平衡状态。在日常生活中，我们要保持精力充沛，能够从容不迫地应付日常的生活和学习。

　　由于西医是当代主流医学，很多人都比较相信那些指标，而不相信主观的感觉和判断。其实，正如曲黎敏老师所说，人是靠感觉活着，而不是靠指标活着，因此，自己

---

[1]　中国社会科学院语言研究所词典编辑室 . 现代汉语小词典［M］. 北京：商务印书馆，1980.
[2]　上海辞书出版社，陈至立 . 辞海［M］. 上海：上海辞书出版社，2020.
[3]　世界卫生组织 . 保健大宪章［J］.1984.

主观的感觉很重要,如饥饿。

饥饿:人体的饥饿感强不强,意味着人体的免疫系统、消化系统是否正常。为什么这样说呢?我们年轻的时候,通常饥饿感很强,到了时间就要吃饭,而且吃饭吃得特别香。但当我们年纪大了,饥饿感就会变得越来越差,到了饭点,似乎吃也行,不吃也行。即使吃,也属于例行公事。大家一定看过《动物世界》,那里的野生动物在捕食的时候,都会有强烈的饥饿感,而我们再去动物园里看那些动物进食,就会发现完全没有那种饥饿感。人工饲养的动物即便活到了生理寿命,其生命的质量已经大打折扣。我们都知道,脾胃是人体的后天之本,饥饿感正是这个系统是否健全的重要标志之一。中医讲,有胃气则生,无胃气则死。

中国的传统医学提倡"天人合一"的理论,认为"人身小宇宙,宇宙大人身",一个人的生命、身体、健康和疾病都和周围的自然环境有着密切的关联。据《黄帝内经》中"一阴一阳之谓道,偏阴偏阳之谓疾"的太极思维方法,中医将我们的生命状态分为"未病态""已病态"两种。[1] 已病态具有明显的痛苦感觉,即"偏阴偏阳"的疾病状态;未病态没有明显的痛苦感觉,即人体阴阳相对平衡的健康状态。另外,即使体内潜伏着某些病因,但它未对人体阴阳造成破坏的话仍然属于未病态。一个人进入中年之后,随着生理功能的衰败,身体开始出现各种疾病,中医将此归结为阴阳失衡。据《易传·系辞》中记载:"原始及终,故知死生之说……阴阳交合,物之始,阴阳分离,物之终。合则生,离则死。"[2] 基于此,中医认为,人体的健康也必须符合以下十个标准。

(1)双目有神:神藏于心,外候在目。眼睛的好坏不仅能够反映出心脏的功能,还和五脏六腑有着密切的关联。眼睛是脏腑精气的会聚之所在。因此,眼睛的健康也就充分反映出了脏腑功能的强盛。

(2)脸色红润:脏腑功能良好则脸色红润,气血虚亏则面容也显得没有光泽,脸色就是人体五脏气血的外在反映。

(3)声音洪亮:人的声音是从肺里发出来,声音的高低自然决定于肺功能的好坏。

[1] 黄帝等撰;李郁,任兴之编译;支旭仲主编.黄帝内经 [M].西安:三秦出版社,2018.06.
[2] 徐志锐.《易传》今译 [M].沈阳:辽沈书社,1991.

（4）呼吸匀畅："呼出心与肺,吸入肝与肾。"人的呼吸和五脏的关系非常密切,呼吸要不急不缓、从容不迫,才能证明脏腑功能的良好。

（5）牙齿坚固:牙齿的好坏反映着肾气和肾精的充足与否。

（6）头发润泽:头发的状况是肝脏藏血功能和肾精盛衰的外在反映。

（7）腰腿灵活:腰为肾之府,肾虚则腰惫矣。灵活的腰腿和从容的步伐是筋肉经络和四肢关节强健的标志。

（8）体形适宜:过瘦或者过胖都是病态的反映,很容易患上糖尿病、咳嗽、中风和痰火等病症。

（9）记忆力好:脑为元神之府,为髓之海,人的记忆全部依赖于大脑的功能,髓海的充盈是维持精力充沛、记忆力强、理解力好的物质基础,同时也是肾精和肾气强盛的表现。

（10）情绪稳定:大脑皮质和人体健康有着密切的关系,人的精神恬静,自然内外协调,能抑制心理疾病的发生。

此外,还有一些简单且实用的健康检测方法,能够让我们随时随地对自己的身体状况进行检查,随时掌控身体的健康动向及时采取相应对策。

人的心理健康是指一种持续的、积极的心理状态。个体能够与环境有良好的适应,其生命具有活力,能充分发挥其身心潜能,就可被视为心理健康。据此,人的心理健康水平大体可分为以下三种。

一是一般常态心理,表现为心情经常愉快,适应能力强,善于与别人相处,能较好地完成与同龄人发展水平相适应的活动,具有调节情绪的能力。

二是轻度失调心理,表现出不具有同龄人所应有的愉快,与他人相处略感困难,生活自理能力较差,经主动调节或通过专业人员帮助后可恢复常态。

三是严重病态心理,主要表现为严重的适应失调,不能维持正常的生活和工作,如不及时治疗可能恶化成为精神病患者。

（1）在自己所处的环境中有充分的安全感。如果一个人在正常的环境里疑神疑鬼,过分敏感,稍有不顺心的事就感到大祸降临,对身旁的人不信任,产生不安全感,这样的心理是不健康的。有充分的自我安全感,对身体和自身能力充满信心,有战胜困难的意志和勇气,精力充沛,能保持有规律的生活则为相对健康的状态。

（2）是否对自己有较充分的了解,并能恰当地评价自己的能力。在进行自我观察、自我认定、自我判断和自我评价时,能做到自知,即恰如其分地认识自己,摆正自己的位置,既不以自己在某些方面高于别人而自傲,也不以某些方面低于别人而自卑,面对挫折与困境,能够自我悦纳,喜欢自己,接受自己,自尊、自强、自制、自爱适度,正视现实,积极进取。

（3）能充分了解自己,并能恰当地评估自己的能力。对自己的优点、缺点有客观实际的评价,能接纳自己的缺点,甚至是身心的缺陷,做到不自卑、不自恋、不自傲。

（4）自己的生活和理想是否切合实际。现实有时是残酷的,但关键是敢于改变现状。不断地进取,要确立切合实际的目标,又要树立远大的理想。如果面对现实无能为力,萎靡不振,抑郁甚至于轻生,那就可能发生变态的心理;也有人生活在优越的环境里心满意足,只顾享乐而不思进取,这对心理的健康发展也是十分不利的。理想的目标是能在现实生活中实现的,不会执着于不切实际的赌博或虚拟世界。从前,有两个饥饿的人得到了一位长者的恩赐:一根渔竿和一篓鲜活硕大的鱼。其中,一个人要了一篓鱼,另一个人要了一根渔竿,于是他们分道扬镳了。得到鱼的人原地就用干柴搭起篝火煮起了鱼,他狼吞虎咽,还没有品出鲜鱼的肉香,连鱼带汤就被他吃了个精光,最终,他饿死在空空的鱼篓旁。另一个人则提着渔竿继续忍饥挨饿,一步步艰难地向海边走去,可当他已经看到不远处那片蔚蓝色的海洋时,最后一点力气也使完了,他也只能眼巴巴地带着无尽的遗憾撒手人间。又有两个饥饿的人,他们同样得到了长者恩赐的一根渔竿和一篓鱼,只是他们并没有各奔东西,而是商定共同去找寻大海,他俩每次只煮一条鱼,经过遥远的跋涉,来到了海边。从此,两人开始了捕鱼为生的日子,几年后,他们盖起了房子,有了各自的家庭、子女,有了自己建造的渔船,最终过上了幸福安康的生活。一个人只顾眼前的利益,得到的终将是短暂的欢愉;一个人目标高远,但也要面对现实的生活。只有把理想和现实有机结合起来,才有可能成为一个成功之人。有时候,一个简单的道理,却足以给人意味深长的生命启示。

一个心理健康的人能体验到自己的存在价值,既能了解自己,又能接受自己。同时，具有自知之明，即对自己的能力、性格、情绪和优缺点能做出恰当、客观的评价，对自己不会提出苛刻的非分期望与要求；对自己的生活目标和理想也能定得切合实际，因而，对自己总是满意的；努力发展自身的潜能、即使对自己无法补救的缺陷，也能安然处之。一个心理不健康的人则缺乏自识之明，并且总是对自己不满意，由于所定的目标和理想不切实际，主观和客观的距离相差太远而总是自责、自卑；总是要求自己十全十美，而自己却又总是无法做得完美无缺，于是就总是和自己过不去，结果使自己的心理状态永远无法平衡，也就无法摆脱心理危机。

心理健康的人乐于与人交往，不仅能接受自我，也能接受他人，悦纳他人，能认可别人存在的重要作用，主要表现为：能为他人所理解，为他人和集体所接受，能与他人相互沟通和交往，人际关系协调和谐，在生活小集体中能融为一体，乐群性强，既能在与挚友间相聚之时共欢乐，也能在独处沉思之时无孤独之感。在与人相处时，积极的态度（如同情、友善、信任、尊敬等）总是多于消极的态度（如猜疑、忌妒、敌视等），因而，在社会生活中有较强的适应能力和较充足的安全感。一个心理不健康的人，总是脱离集体，与周围的环境和人格格不入。心理健康的人珍惜和热爱生活，积极投身于生活，在生活中尽情享受人生的乐趣。他们在工作中尽可能地发挥自己的个性和聪明才智，并从工作的成果中获得满足和激励，把工作看作是乐趣而不是负担。他能把工作中积累的各种有用的信息、知识和技能贮存起来，便于随时提取使用，以解决可能遇到的新问题，能够克服各种困难，使自己的行为更有效率，工作更有成效。

对周围事物和环境能做出客观的认识和评价，并能与现实环境保持良好的接触，既有高于现实的理想，又不会沉湎于不切实际的幻想与奢望。他对自己的能力有充分的信心，对生活、学习、工作中的各种困难和挑战都能妥善处理，心理不健康的人往往以幻想代替现实，不敢面对现实，没有足够的勇气去接受现实的挑战，总是抱怨自己"生不逢时"，或者责备社会环境对自己不公而怨天尤人，因而无法适应现实环境。心理健康的人其人格结构主要包括气质、能力、性格和理想、信念、动机、兴趣、人生观等，各方面能平衡发展，人格在人的整体的精神面貌中能够完整、协调、和谐地表现出来。思考问题的方式是适中和合理的，待人接物能采取恰当灵活的态度，对外界刺激不会有偏颇的情绪和行为反应，能够与社会的步调合拍，也能与集体融为一体。在人的生命发展的不同年龄阶段，都有相对应的不同的心理行为表现，从而形成不同年龄独特的心理行为模式。心理健康的人应具有与同年龄段大多数人相符合的心理行为特征。如果一个人的心理行为经常严重偏离自己的年龄特征，一般都是心理不健康的表现。一般而言，我们可参照上述标准检视自己的心理健康状况。严格意义上的心理健康则要求助于临床心理学家的测查与诊断，不能随意给自己和他人乱下结论。

第三节　健康的价值

健康是人生的第一财富。随着生活水平的不断提高，现代人对自身健康状况日益关注。那么，一个人的健康价值多少？哪些人的健康价值比较高？健康价值由哪些因素决定，如何计算？对此，经济学家给出了答案。

一、健康的经济含义

在生活水平较低时，人们认为，无病就是健康。后来，我们知道没有病不等于健康，在健康和不健康之间还有亚健康，在身体健康之外还有精神健康。现阶段，从社会学的角度来讲，较为普遍观点是世界卫生组织（WHO）对健康的定义即健康包括身体健康、心理健康和社会适应能力良好。那么，经济学家是如何定义健康的？在经济学中，健康被定义为一种物品：一种使用市场投入和个人时间而生产出来的物品。

二、健康的内在价值

健康既然是一种物品，就和汽车、电脑、手机一样，有内在价值和生产成本。多大成本才能维持一个人的健康？答案因人而异。但有两大类要素是不可或缺的，一是市场投入，二是个人投入。国家的公共卫生服务、医疗和保健费用支出、医院的设备使用、医生的劳动等，都属于市场投入；而个人投入是指每一个人用于日常保健、休息和锻炼的时间。健康的内在价值，就是生产健康所需要的物质和劳务投入。投入决定产出，可见，健康不是免费的，我们投入多少（包括市场投入和个人投入），决定了它产出的数量和质量。

三、健康的外在价值

和食物、住房、娱乐一样,健康的外在价值,或者说使用价值,首先表现在它能带给我们多少舒适和快乐。一个身体健康的人,往往比一个身体不健康的人更容易快乐;一个精神健康的人,有较好的自我调试能力和人际关系处理能力,心情愉快的时候会比精神不健康的人多。与此同时,身体健康和精神健康又是互相影响、互相依存的。可以说,健康这种物品带给我们的舒适感并不是虚无缥缈的,它和食物、水一样,是我们生活中的基本需求之一,当然,这种需求的层次比生存需求要高。生存需求得到满足后,人们才会有健康需求,才会花费时间和财富,为自己的健康投资,从而享受健康带来的舒适和快乐。在经济学上来讲,这种快乐称为消费者剩余。健康不仅是一种消费品,它还和土地、机器、工业原料等生产资料一样,是一种投资品。因为人是一种有价值的资本,人力资本是企业的核心资本之一,人力资本是经济增长和财富创造的源泉。一个健康的人才能正常地从事工作,创造财富;或者说,一个健康的人才能更好地从事工作,创造财富。教育带来了知识和技能,却不能代替健康。作为人力资本的重要组成部分,健康影响着人力资本的产出,它使一个人工作的时间增多,工作效率提高,间接地参与社会生产和再生产。

四、你的健康价值是多少

健康的价值和需求,是一个古老而有生命力的问题。健康与其他的社会目标,如正义、和谐、知识等一样,需要各自占用一部分社会资源。经济学是研究资源配置的学问,美国的经济学家维克多·R.福克斯(V.Fuchs)在1974年明确提出:在社会资源稀缺的前提下,健康、医疗需求不能也不可能被无限满足,所以,健康无价,是一个美好的愿望,却不是现实。[1] 在生活中,我们可能并不会以无限的投入来换取一份健康,因为健康也许是人生中的第一大事,却不是唯一的事。那么,健康的价值有没有一个量化的标准呢? 健康保险的引入,为健康的估价提供了一个有力的依据。从世界范围来看,在健康保险比较发达的国家和地区,健康保险的投保金额等于人们享受医疗服务的限度。人们认为,自己的健康价值多少,就会投保相应的保额,为自己

---

[1] 福克斯.健康的水 健康水的研究[M].罗敏,周蓉,译.北京:中国建筑工业出版社,2001.

的健康买单。在从经济学角度分析之后，我们不禁会想起一句欧洲谚语：无知和疾病之外，再无贫穷；学问和健康之外，再无富裕。

人类自从有了文明以来，一直在追求着健康与快乐。每个人、每个家庭无论再怎么努力，追求的最终目的都与健康和快乐分不开的。人们希望自己在离开这个世界的时候是自然而然，无疾而终的。我们来看一下人类的生活循环过程：健健康康的诞生（带来家庭的快乐）——快快乐乐地成长（由健康来做保证）——事业有成的快乐（也是健康成就的）——成家立业（产生新的家庭快乐）……这样不断循环地创造人类社会的和谐与幸福。这样看来，人类的健康与快乐这一主题非常重要。但事实却是：99%的人在疾病与痛苦中离开人间。随着生活水平的提高，人们却悲哀地发现，我们的健康水平非但没有提高，反而会有下降的趋势。

健康就是GDP。根据世界银行的测算，在过去的40年中，世界经济增长的8%~10%都是来源于健康的人群。而亚洲的经济腾飞有30%~40%也源于健康的人群。全国城乡居民因疾病、损伤和早死造成的经济损失相当于国民生产总值的8.2%，相关的医疗费消耗相当于GDP的6.4%，所以，不难看出健康就是GDP。中国有14亿多人口，在这个庞大的基数下，患病人不在少数。如果得了病才忙于治疗，高昂的医疗费不仅普通家庭难以承受，不仅造成因病致贫，因病返贫，还给国家带来巨大的经济负担。通过增加公费医疗投入与医疗保险是"治标不治本"的办法，谁也不愿意一生当中与吃药打针为伴，挣扎在痛苦的疾病中。只有重视营养知识的普及，提高全民健康素质，才能把庞大的医疗费用节省下来且用于改善人民生活质量，提高生命价值。要注重"预防胜于治疗，牢记营养经济学"的科学理念观。

身体健康是外表健壮，心理健康则是内在素质，但人的心理健康和身体是相辅相成的，身体健康是心理健康的前提，心理健康是身体健康的动力。那么如何使自己心身健康呢？笔者主要谈以下几点感想。

1. 要正确认识"养德"与"养身"的关系

我国许多传统养生家早就认为，人的寿命长短与德行素养是密切相关的。早在春秋时代，孔子就提出了"仁者寿"的观点，并强调："大德必得其寿。"[1] 唐代名医孙

---

[1] 于涌，樊伟峻，付林鹏.礼记 大学 中庸［M］.长春：长春出版社，2013.

思邈也曾指出："百行周备，虽绝药饵，足以暇年；德行不克，纵有玉液金丹未能延寿。"[1] 可见古人早就认识到了保持道德操行对保持身体健康的重要性。国外科学家通过大量调查也发现，良好的品德有助于健康。美国耶鲁大学、密西根大学的病理研究人员曾对数千人的健康状况进行跟踪调研，研究结果表明，善良正派、与他人融洽相处者预期寿命显著增加，在男性中尤为明显。巴西医学家马丁斯曾调查过500多名贪污受贿、以权谋私的贪官与同样人数的清廉者达10年之久的健康状况，结果发现，前组有60%的人生病或死亡，后组生病或病亡的人数仅占6%。其原因就在于具有高尚品德的人，必然是"无私天地宽，心底坦荡荡"，良好的心理活动、融洽的社会关系能使自身体内分泌出有益的物质，有助于增强人体免疫系统功能，使神经系统及时沟通骨髓与脾脏，产生抵抗感染的细胞，免受各种疾病的侵袭。

由此看来，"养德"与"养身"确实是密不可分的。因此，我们要加强学习，注重自身道德修养，树立正确的世界观、人生观、价值观，认真辨别真与伪、善与恶、荣与辱等是非观念，以高尚的道德情操、饱满的热情和健康的体魄干好每一项事业，使自己心身健康、青春焕发、延年益寿。

2. 要有朝气、锐气、正气

人生在世，干工作、创事业，要有"三股气"，那就是：朝气、锐气和正气。朝气象征着活力，锐气象征着勇敢，正气象征着正义。朝气、锐气、正气，是一种气质、一种精神、一种境界。"朝气"即早晨的空气，引申为精神振作，积极向上，蓬勃进取。朝气比年龄更重要，充满朝气，使人永远年轻，青春常驻；充满朝气，让人富有生机活力，激情盎然，给人以希望和憧憬。朝气是力量的源泉、生命的活力，与暮气沉沉背道而驰，与死气沉沉更是大相径庭。只要我们永葆朝气蓬勃的精神面貌，身心定能健康，精力定能旺盛，寿命定能延长。"锐气"即锐利的士气，就是要有一股子干劲和一种韧性，一种高昂的热情和坚忍不拔、不屈不挠的毅力。要有敢于争先、与时俱进的胆量，要有敢于与一些丑恶现象做斗争，伸张正义的力量。有了"锐气"才能使自己昂扬斗志、攻克难关，勇往直前，有所作为。"正气"即刚直的气节，通常指正确的舆论和良好的风气。一个有正气的人，必然是一个严以律己、刚正不阿的人，他时刻表现出高洁、刚正、坦

[1] 孙思邈. 药王全书［M］. 张作记等辑注. 北京：华夏出版社，1995.

诚的品质，不与邪恶同流合污，不进监狱。因此，永葆蓬勃朝气，深怀昂扬锐气，常存浩然正气，是一个人心身健康的重要前提条件。

3. 要选准人生参照物，要知足常乐

一个人不管到哪里工作，都要选好人生的参照物，工作上固然要有永不满足、积极进取的状态，但做人的心态上要有比上不足、比下有余的思想，要知足。知足是一种境界，一种对洞悉世事以后的正确取舍自我行为的理性表达。知足，可以使人心态平静、安详、乐观、超脱、常乐，心情舒畅，身体健康。因此，我们要有"储水万担，用水只一瓢；大厦千间，夜眠只六尺；黄金万两，一日只三餐；钱：生不带来，死不带去"[1]的思想。千万不要有"人心不足蛇吞象""这山望着那山高""吃着碗里扒着锅里"的思想和心态，要常修为政之德、常思贪欲之害、常怀律己之心。记住人生最大的幸福就是"家里无病人，牢中无亲人"这句话，使自己堂堂正正做人，干干净净做事，永远身心健康，远离医院和监狱。

健康是个人财富，同时也是家庭和社会的财富。国富民强是众望所归，而健康奔小康是国富民强的必经之路。健康帮助我们实现全面发展，实现自我价值，享受幸福生活。人们对身心健康的重视标志着社会进步。无论是人类自身的发展、自我价值的实现，还是社会发展的参与和社会发展成果的享有，都必须以自我健康为前提。没有健康的身心，一切都无从谈起，也无法实现。追求健康就是追求文明和进步。

第四节　健康的重要意义

都说身体是革命的本钱，没有好的身体就干不好工作，人人都懂得这么一个道理，可是真的到自己身上的时候又有几个人去在意呢？健康，往往是那么脆弱，很可能上一秒你很健康，下一秒就被检查出不健康了，为什么变化得那么快？因为我们平常不重视自己的身体，日积月累攒出来的毛病。随着生活节奏的不断加快，应酬的增多，高血压、高血糖、高血脂这类的慢性病人群也在慢慢地扩大，试想，我们爷爷奶奶那一辈人，有几个听说过三高？癌症？没有，有些人一辈子都不知道原来还有这些疾

---

[1] 王纪云，罗自立.对偶句民俗格言辞典［M］.海口：海南出版社，1992.

病,然而现在,这些病就连小孩子都知道了。为什么现在社会在进步,而疾病却越来越多呢?大多都是平常不注重保养自己的身体,等到发现的时候却为时已晚,所以,说我们要保持健康的身体要从点点滴滴做起。饭桌上,油腻的东西尽量少吃,平常火气也不该那么大。工作的时候尽量在工作时间完成,而不是加班熬夜工作,就算加班工作也尽量不要拖得太晚,毕竟熬夜是非常的伤身体的,长时间熬夜,身体会堆积大量的毒素、垃圾。现在很多人都是为了赚钱,为了工作而伤害了自己的身体,然后随着年龄的增长,一切隐藏的问题都爆发了出来,然后拿年轻时候赚的钱去治疗,这样算的话得不偿失,钱都花掉了还痛苦。所以说,我们要有健康意识,拼命赚钱的同时也要关注自己的身体。健康是一种责任,很少人能明白这一点。健康不是一个人的,它是爱人、父母、子女、兄弟姐妹这个大家庭的。现在癌症和心脑血管疾病困扰着每个家庭,最担心的是挣的钱不够医药费。几十年以前,癌症是一个稀有的名词,今天,癌症变成了一种常态。由三高(血压高、血脂高、血糖高)逐步发展形成的心脑血管疾病更加可怕,死亡率逐年增加,已经超越癌症排名第一,且越发年轻化,30岁左右就有心梗脑梗的现象普遍发生。

现代人要应付快节奏的学习、工作和生活,而且要处理好各种错综复杂的社会人际关系,面对竞争和挑战,人们的生理和心理都不断地在衰弱、老化和病变。目前,冠心病、高血压、高血脂、高血糖、糖尿病等各种"文明病""富贵病"发病率连年上升,且越来越趋于年轻化。随着我国整体生活质量的提升,人们越来越重视自身和家庭的健康问题,健康维护和健康促进的理念越来越深入人心。进入21世纪,崭新的健康理念和医疗卫生保险制度的革命,必将对医疗保健市场产生一系列的重大影响;同时由于社会各阶层收入的差异,健康消费也已呈现出高、中、低档结构。

随着中国社会经济的总体发展和持续增长,中国医疗界无论从管理体系、运作机制,还是从软硬件设施、服务质量各方面来看都远远满足不了现代健康服务的需求。健康是第一财富,同时也是高品质生活的基本保证。健康对于一个人来说,意味着什么?其实有许多种注解与认识。笔者认为,健康就是完好。健康就是人生存在的大前提。健康代表人的存在。对于许多人来说,健康往往说起来重要,做起来就不重要或容易忽视。健康也许对于一个正常人来说,往往不容易体现与察觉它的意义。健康好像与生俱来，而当病痛缠身或将失去健康时，你会顿觉健康天大的意义与价值。这时，在你的心中健康就是天。健康首先表现为生理上，不要有病痛和损害。同时，健康还有心理上的要求，需要人的身心积极与向上。一个健康的人对自己、对家庭、对社会、对国家都有积极意义。健康如同空气与水一样，与人生相伴，不可或缺。健康不是能力，健康也不是金钱，健康就是你。人生的健康问题大都是后天形成与积累的。健康需要调适、健康需要锻炼、健康需要营养、健康需要态度。工作再忙、人生再累、创业再难、事情再多、学习再重等，我们都要重视健康。健康大多需要做加法，多活动、多锻炼、多调适。健康有时也需要做减法，少吃一点、少刺激一点、少熬夜一点。健康需要我们坦然面对世界与人生的许多事情。健康需要大度、健康需要中庸、健康需要谨慎。健康对于我们每个人每天的生活来说，似乎都在做选择题、判断题、填空题。人生健康之路都在自己脚下。

健康是生命之基，是人生幸福的源泉。健康不能代替一切，但是没有健康就没有一切。要创造人生辉煌、享受生活乐趣，就必须珍惜健康，学会健康生活，让健康成为幸福人生的源泉。人生是否幸福，或许有很多的衡量标准，而健康永远被列在第一位。失去了健康，没有了健全的体魄与饱满的精神，生命就会黯然失色，生趣索然。健康是个人幸福的前提，拥有健康身心的人，更容易保持乐观，而乐观正是培养积极生活态度不可缺少的条件。只有充沛的生命力，才可以抵抗各种疾病，渡过各种难关，迎接一个又一个的挑战。健康的身体是人生最为宝贵的财富，没有健康，一切都无从谈起。而拥有了健康，就可以去创造一切、拥有一切，也只有健康，才是人生最为宝贵的财富。健康是事业成功的保障，健康是人们成就事业的本钱。身体健康与心理健康两者是相辅相成、互相影响的，且又制约着人际关系和谐与否，尤其是信心和勇气两种心理状态，直接关系事业的成败。一个身体不健康的人，常常是思想消极、悲观、缺乏信心和勇气的，难以产生创造性的思维。

人生不是一帆风顺的，具有健康的体魄才能经受得起各种挑战和挫折，成就一番事业。本固枝荣，根深叶茂。要成就一番事业，就必须要有健康做支撑。因为，只有拥有了健康，你才能有足够的精力去开创事业的成功。健康是家庭幸福之源，我们需要将健康列为家庭的一个重点来维护，无论贫困或富裕，健康才是幸福的基础。健康是一种自由，健康是一种财富，健康更是一种幸福。对于所有幸福美满的家庭来说，它们都拥有共同的财富，那就是健康。没有健康，人生的追求、事业、财富、爱情，都将失去依附。健康的身心是成就一切宏图伟业的基石，只有不断地为健康进行储蓄，你的财富才会倍增；否则，一切终将化为泡影。

第二章　体育锻炼对青少年的必要性

第一节　体育的本质与功能

体育现象古已有之，从古希腊到中国古代，都有人类关于体育活动的记载。它是人类在漫长的生活和生产过程中所产生的一种独特的、以身体运动来表达的社会文化现象。体育发展到当代，它的文化内涵和经济、政治、教育、娱乐等多种社会功能不可同日而语，已经发展到了一个相当高的水平。它是存在于人类社会中的一种很普遍的社会现象，同时也是人类所共同承认、拥有和普遍热爱的一种文化现象。各种不同文化和文明背景下产生的体育项目已经和正在融合成为人类社会所共有的社会财富。体育给人类社会所创造出的"以公平竞争为道德核心"，以追求和平、进步和团结的价值标准和价值体系，得到了人类社会的广泛认同。以奥运会为最高层次的竞技活动已经成为不同民族、不同国度人们的共同节日，以它特有的魅力丰富着人类社会的日常生活。当代体育正在进入和已经改变着越来越多人的生活，成为人们生活方式的一个重要组成部分。

当代体育与社会经济、政治和人们的日常生活产生着越来越密切的联系，影响和改变着社会生活的许多方面。人类社会不能没有体育，人类社会也离不开体育。体育是"人类专门设计的身体运动和游戏"，主要反映体育的基本特征，并以此来区别其他的人类身体运动。在人类的生产劳动和生活实践中，还有许多其他的身体运动，但这些身体活动并不是为了一定的目的而专门设计的。所以，它们不能称之为体育。体育，特别是现代体育已经有了一整套为实现一定目的而专门设计的身体运动方式，还有一系列严格的规则要求和动作规范。在所有现代体育项目中，对身体运动的动作方式、动作形式、动作路线都有一套严格的规定和规范要求。这一点在现代高水平竞技体育中表现得近乎苛刻。就是在普通大众的体育活动中，为了娱乐或锻炼身体，也专门设计了不计其数的身体运动的形式和动作规范。就连最简单的身体运动——"走"，一旦把它作为体育锻炼的方法时，其姿势和速度等都有一定的要求。可见，体育并不是一般的身体活动，而是人类为了实现一定目的而专门设计的身体运动，只有这样的身体运动，才能称之为"体育"。

增强体质、提高竞技水平，丰富社会生活是人类进行体育运动的基本目的，同时也是体育区别于其他身体运动和活动的一个根本点。人类专门设计的身体运动，最主要的目的就是要通过身体运动来增强人们的体质。要增强体质有多种途径和方法，其中包括营养、保健等多种手段，体育并不是唯一的方法。但是，通过专门设计的身体运动来增强体质，并在身体运动的过程中获得特殊的身体体验，正是体育独特的存在条件。

在人类所有的文化活动中，通过直接竞争和竞赛的方式，提高身体的竞技水平，得出胜负的结果，唯有体育在这方面体现得最为生动。无论是在群众体育竞赛中，还是在高水平的竞技体育比赛中，只要是竞赛，就必须要分出胜负。这是体育运动一个显著的特点，也是其他社会活动所不具备的。舞蹈、杂技等也是通过专门设计的身体运动来表达一定的思想和艺术想象力，但这些身体运动并不要求直接竞赛和发挥出人体最大的生理潜能，也没有全世界统一的规则要求，对活动的胜负也没有专门的要求和衡量标准。而体育不仅有严格的规则，还要求最大限度地发挥人的生理潜力，提高竞技水平并产生竞赛的胜负结果。

丰富社会生活是体育的又一个重要的本质特点。群众体育通过专门设计的各种各样的身体运动，并根据不同条件、不同年龄、不同身体状况和个人爱好进行体育运动，在运动过程中获得特殊的身体感受，在锻炼身体的同时达到"娱己"的目的。竞技体育通过专门设计的身体运动，在严格规则的条件下，最大限度地表现出个人或团队技、战术和身体能力，在实现自我价值的同时达到"娱人"的目的。特别是以奥运会为代表的各类各层次的体育运动竞赛，在丰富社会文化生活方面，起到体育运动带给人类社会其他文化现象所没有的独特作用。

因此，有理由认为：体育是人类的一种有意识的身体活动，它通过设计专门的身体运动,达到增强人们体质、提高竞技水平、丰富社会文化生活的目的。

体育,是人们根据自然的、社会的需要,以身体活动主要手段,实现人的全面发展的身体文化活动。体育作为一种复杂的社会文化现象,主要包括以下两大部分。

(1)作为体育方式、手段的运动部分。

(2)运用这种手段、方式来实现体育的社会目的部分。

这种双重结构决定着体育具有双重的性质:一个运动的性质,即自然本质。另一个是教育的性质即社会本质。体育的本质是指体育所固有的根本特性,是人类社会的一种身体教育活动和社会文化活动。本质特点就是以身体练习为手段,锻炼身体,增强体质,促进人的全面发展,为社会发展服务。它在社会发展过程中,受一定的政治、经济制约,并为一定的政治、经济服务。体育的根本性质,正是由其自然本质和社会本质相互结合、交互作用来决定的。体育本质具有层次性:强身、游戏、娱乐,是体育的初级(一级)本质;对人的品格的培养、教育,是体育的二级本质;促进人的自我超越、自觉创造、全面发展,是体育的高级本质。

体育是人类社会发展中,根据生产和生活的需要,遵循人体身心的发展规律,以身体练习为基本手段,达到增强体质,提高运动技术水平,进行思想品德教育,丰富社会文化生活而进行的一种有目的、有意识、有组织的社会活动,是伴随人类社会的发展而逐步建立和发展起来的一个专门的科学领域。体育的概念有广义和狭义之分。

(一)体育的广义概念(亦称体育运动)

体育的广义概念是指以身体练习为基本手段,以增强人的体质,促进人的全面发展,丰富社会文化生活和促进精神文明为目的的一种有意识、有组织的社会活动。它是社会总文化的一部分,其发展受一定社会的政治和经济的制约,并为一定社会的政治和经济服务。

(二)体育的狭义概念(亦称体育教育)

体育的狭义概念是一个发展身体,增强体质,传授锻炼身体的知识、技能,培养道德和意志品质的教育过程;是对人体进行培育和塑造的过程;是教育的重要组成部分;是培养全面发展的人的一个重要方面。

（三）竞技运动

竞技运动亦称"竞技体育"，指为了战胜对手，取得优异运动成绩，最大限度地发挥和提高个人、集体在体格、体能、心理及运动能力等方面的潜力所进行的科学的、系统的训练和竞赛。竞技运动有运动训练和运动竞赛两种形式，其特点如下。

（1）充分调动和发挥运动员的体力、智力、心理等方面的潜力。

（2）激烈的对抗性和竞赛性。

（3）参加者有充沛的体力和高超的技艺。

（4）按照统一的规则竞赛，具有国际性，成绩具有公认性。

（5）娱乐性。

当今世界所开展的竞技运动项目是社会历史的产物。早在古希腊时代，就出现了赛跑、投掷、角力等项目，发展至今已有数百种之多。普遍开展的项目有田径、体操、篮球、排球、足球、乒乓球、羽毛球、举重、游泳、自行车等。各国、各地区还有自己特殊的民族传统项目，如中华武术，东南亚地区的藤球、卡巴迪等。其发展与国家、地区的政治、经济、文化教育、科学技术密切相关。

（四）娱乐体育

娱乐体育是指在余暇时间或特定时间所进行的一种以愉悦身心为目的的体育活动，具有业余性、消遣性、文娱性等特点。内容一般有球类游戏、活动性游戏、旅游、棋类以及传统民族体育活动等。按活动的组织方式可分为个人的、家庭的和集体的；按活动条件可分为室内的、室外的；按竞争性可分为竞赛性的和非竞赛性的；按经营方式可分为商业性的和非商业性的；按参加活动的方式可分为观赏性活动和运动性活动。开展娱乐性体育活动，有益于身心健康、陶冶情操、培养高尚品格。

（五）大众体育

大众体育亦称"社会体育""群众体育"，是为了娱乐身心，增强体质，防治疾病和培养体育后备人才，在社会上广泛开展的体育活动的总称，其主要包括职工体育、农民体育、社区体育、老年人体育、妇女体育、伤残人体育等。其主要形式有锻炼小组、运动队、辅导站、体育之家、体育活动中心、体育俱乐部、棋社以及个人自由体育锻炼等。开展群众体育活动应遵循因人、因地、因时制宜和业余、自愿、小型、多样、文明的原则。

广泛开展群众性体育活动,是发挥体育的社会功能,提高民族素质和完成体育任务的重要途径。

(六)医疗体育

医疗体育是指运用体育手段治疗某些疾病与创伤,恢复和改善机体功能的一种医疗方法。与其他治疗方法相比,其特点如下。

一是一种主动疗法,要求患者主动参加治疗过程,通过锻炼治疗疾病。

二是一种全身治疗,通过神经、神经反射机制改善全身机能,以达到增强体质,提高抵抗力的目的。

三是一种自然疗法,利用人类固有的自然功能(运动)作为治疗手段,一般不受时间、地点、设备条件的限制。

通常采用医疗体操、慢跑、散步、自行车、气功、太极拳和特制的运动器械(如拉力器、自动跑台等)以及日光浴、空气浴、水浴等为治疗手段。宜因人而异、持之以恒、循序渐进,并配合药物或手术治疗和心理疏导。两千多年前已用"导引""养生"作为防治疾病的手段,后又不断地发展与提高,成为中国运动医学的重要组成部分。

体育的功能主要包括健身、娱乐、经济、教育和政治等。

(1)健身功能。具体体现在体育运动能改善和提高中枢神经系统的工作能力两方面。体育运动能促进机体的生长发育,提高运动系统的技能。体育运动能使内脏器官的机能得到提高。体育运动可以提高人体的适应能力。体育运动可以防病治病,提高人体免疫能力。

(2)娱乐功能。体育所具有的娱乐功能,主要通过两方面表现出来:一是由于体育本身所特有的魅力,二是人们参加体育运动所得的乐趣。

(3)教育功能。体育所具有的教育功能,有两方面的含义:一种是具有典型意义的学校基本教育,另一种是具有泛指意义的社会教育。

(4)政治功能。体育的政治功能:一方面可体现在国际交往的舞台上,另一方面体育能促进大至一个国家、一个民族,小至一个集体的内部安定团结。

（5）经济功能。体育是人的活动，特别是体育成为一种很多社会成员参加的经常性活动后，总是在一定物质消费的基础上进行的，必然要消耗一定的人力、物力和财力。因此，与体育活动相关的服装、器材、装备和体育场地设施等就会随之而产生，体育服务等社会经济行业就必然出现。

（6）交流功能。在体育运动过程中，能增强人与人之间的交流和交往，增进人与人之间相互了解，改善人际关系。国际的体育交往，还能够促进国家与国家之间，不同民族之间的相互了解和相互信任，有利于人类社会的和平与发展。

不同的社会和不同的历史阶段有不同的体育价值取向。近代学校体育教育虽然只有200余年的短暂历史，但由于社会的激烈变化和社会形态的多样并存以及国家制度的多样化原因，体育也在不同的历史时期被赋予不同的价值（体育的某些方面的功能被当时的时代所强调和突出）。如富国强兵时期的军民主义体育形态、国家重建期的健康修养的体育形态和增强体质的体育形态、高速经济发展时期的技能主义形态和竞技体育化形态、后工业期的娱乐体育形态、终身体育化形态，还有与爱国精神培养相联系的体育形态、国粹体育形态、绅士体育形态，等等。这些体育形态将自身的目标与社会的要求紧密相连，在内容上和教学方法上也有明显的不同，而这种征象在其他学科中则没有体育这么明显。这既说明了体育学科的多功能的特征，同时也说明了社会对体育各功能的多价值取向的特征。这是我们在认识体育功能和制定体育目标时不可忽视的现象。

第二节 体育锻炼的身心效益

经常参加体育运动能使人在空间、运动感知能力等方面得以发展，使本体感觉、重力觉、触觉和速度高度等更为准确，从而提高脑细胞工作的耐受能力。

一、体育锻炼改善情绪控制

应激反应是指一种不适宜的紧张表现。通过运动可以降低应激反应，这是因为运动可以降低肾上腺素能受律的数目或敏感性，可以降低心率和血压而减轻特定的应激源对生理的影响。心理学实验表明，运动具有减轻应激反应以降低紧张情绪的作用。运动可以锻炼人的意志，增加人的心理坚韧性。我国著名心理学家陈仲庚认为，在已发现的可以降低个体生活中心理应激发生率的影响因素中，社会支持和体育运动是最为突出的两个因素。[1]心理学家指出，与习惯坐着的人比较，经常从事运动的人更少产生生理上的应激反应，如果有应激反应，也能尽快地从中恢复过来。要求一些高应激反应的成年人参加散步或慢跑训练，或接受预防应激训练。结果发现，接受其中任意一种训练方法的被试者都比控制组被试者（未接受任何方式训练的被试者）处理应急情景的能力强。关于有氧健身运动与心理应激和紧张的研究显示，有氧运动降低心理应激反应。研究试验组参加持续 25 分钟的，不同强度的有氧运动，而控制组是观看电视。报告结果发现，运动后积极情绪增多，消极情绪减少，持续 30 分钟左右的一次性身体活动可产生如下短期情绪效益，可改善心境状态，可缓解焦虑与紧张情绪，活动中可产生一些良好情绪体验；研究发现，坚持每周 2 ~ 4 次的运动锻炼，持续 8 ~ 10 周以上，可产生长期情绪效益：主要表现在它与心理自我良好感觉相关，对焦虑、抑郁等消极情绪有治疗作用。现代社会的快节奏和激烈的竞争，使人们常常受到情绪波动和过度紧张的刺激。要适应这种环境并保持良好的心理状态，就必须多参加各种形式的体育运动，以有效缓解内心的紧张情绪，使身心张弛适度，始终保持在一种比较稳定、积极的状态之中。

二、体育运动增强社会适应能力

我国著名的医学心理学家丁肇教授明确指出：人类的心理适应，最主要的就是对人际关系的适应，所以，人类的心理病态，主要是由于人际关系的失调而导致的。[2]随着社会经济的发展以及生活节奏的加快，许多生活在大城市的人，越来越缺乏适当的社会交往，人与人之间的关系趋向冷漠，因此，体育锻炼就成为一个增进人与人接触的最好形式。通过参加体育运动，可以使人与人之间互相产生亲近感，使个体社会交往的需要得到满足，丰富和发展人们的生活方式，有利于个体忘却工作、生活带来的烦恼，消除精神压力和孤独感。

[1] 陈仲庚. 潇湘文脉源与流［M］. 北京：中国书籍出版社，2022.
[2] 王志明，丁肇，苏展，等. 新型稻麦联合收获装备设计与分析［M］. 镇江：江苏大学出版社，2022.

三、体育运动有助于认识自我

体育运动大多是集体性、竞争性的活动，自己能力的高低、修养的好坏、魅力的大小，都会明显地表现出来，使自己对自我有一个比较符合实际的认识。体育运动还有助于自我教育。在比较正确地认识自我的基础上，便会自觉或不自觉地修正自己的认识和行为，培养和提高社会所需要的心理品质和各种能力，使自己成为更符合社会需要，更能适应社会的人。

驱除忧虑，焕发精神。烦恼的最佳"解毒剂"就是运动，当烦恼时多用肌肉，少用脑筋，其结果将会令人惊讶不已。没有人能在健身房或爬山做激烈运动的时候，还对刚才发生的不快之事耿耿于怀。不管是什么人，体育运动都能使其精神为之一振。一个人身体越健康（包括心理的健康），抵抗疾病和工作、家庭压力的能力越强。此外，体育锻炼还会带来其他身心效益。

减肥健美，改善胰岛素抵抗。肥胖常常伴随着高血压，糖尿病和血脂异常，都是心血管疾病的危险因素，被称为胰岛素抵抗综合征或 x 综合征。美国的一项研究证实，身体能量的消耗与发生糖尿病之间呈反比，每天用敏捷活泼的步伐行走一小时可使 n 型糖尿病的发生降低一半，危险最低的是采用有氧运动及健美操练习者。[1]

促进心肌灌注，降低男性卒中发病危险。日本京都大学对有医疗保险的心肌梗死、心绞痛、心脏手术后、有冠心病危险因素的例患者采用了集体运动疗法，运动处方视患者个人状态而定，运动项目主要包括慢跑、步行、伸展运动、乒乓球、微型网球、郊游、滑雪等，以需氧运动为主。平均随访 70 个月，经科学测定确认 54.8% 的患者心肌灌注改善，患者抑郁倾向明显减少。美国哈佛大学 Lee 的一项新研究也表明，不活动是一个与吸烟或高血压同等重要的卒中危险因素，中等量的运动可使男性卒中发病危险几乎减半。

增强骨承受负荷，减缓骨质疏松。1999 年第三届国际骨质疏松研讨会上，美国骨科教授弗罗斯特（Frost）介绍了骨质疏松的新概念 —— 在神经系统调控下的肌肉质量（肌肉容积和力量）是决定骨强度（包括骨量及骨结构）的重要因素。[2] 澳大利

---

[1]　廖联奎．中老年健康长寿必读［M］．北京：中国科学文化出版社，2013.
[2]　廖联奎．中老年健康长寿必读［M］．北京：中国科学文化出版社，2013.

亚的另一项研究发现,股四头肌越弱,骨质丢失越多。可见,运动在保持肌肉强度的同时也有效减缓了骨质脱钙、疏松。[1]

简而言之,体育锻炼给人的身体带来的益处是非常多的,主要有以下几点。

(1)体育锻炼有利于人体骨骼、肌肉的生长,增强心肺功能,改善血液循环系统、呼吸系统、消化系统的机能状况,有利于人体的生长发育,提高抗病能力,增强有机体的适应能力。

(2)降低儿童在成年后患上心脏病、高血压、糖尿病等疾病的机会。

(3)体育锻炼是增强体质的最积极、有效的手段之一。

(4)可以减少过早进入衰老期的危险。

(5)体育锻炼能改善神经系统的调节功能,提高神经系统对人体活动时错综复杂变化的判断能力,并及时做出协调、准确、迅速的反应,使人体适应内外环境的变化、保持肌体生命活动的正常进行。

此外,体育锻炼对心理调节也颇有益处。

(1)体育锻炼具有调节人体紧张情绪的作用,能改善生理和心理状态,恢复体力和精力。

(2)体育锻炼能增进身体健康,使疲劳的身体得到积极的休息,使人精力充沛地投入学习、工作。

(3)舒展身心,有助于安眠及消除读书带来的压力。

(4)在体育锻炼可以陶冶情操,保持健康的心态,充分发挥个体的积极性、创造性和主动性,从而提高自信心和价值观,使个性在融洽的氛围中获得健康、和谐的发展。

(5)体育锻炼中的集体项目与竞赛活动可以培养人的团结、协作及集体主义精神。

少年是人一生中身心发育趋向成熟的重要转折时期,在生理和心理方面出现许多前所未有的变化,并明显地感到自己长大了。

---

[1] 廖联奎.中老年健康长寿必读[M].北京:中国科学文化出版社,2013.

第三节　青少年体育锻炼的目的

教育部、国家体育总局、共青团中央启动的全国亿万学生阳光体育活动,全国各省市亿万青少年在同一时间走出教室,参加体育锻炼。许多学校保证青少年每天锻炼一小时的计划也已实施。体育锻炼是促进全国亿万青少年身心发育和增强体质的最重要因素之一。青少年每天锻炼对他们身体的影响是多方面的,对人体各部分都起着即时的和长远的作用。

一、促进体格发育

青少年正处在长身体的时期,经常参加体育锻炼的青少年,体内新陈代谢显著增强,体力消耗与产热也都增加。研究证明,他们的身高、体重、胸围等指标的增长幅度可显著地高于不参加体育锻炼者。骨骼生长是体格发育的基础,小学和初中正值生长发育的突增阶段,此时期学生多做跑、跳、蹲、腾、跃等运动,可以活跃骨骺的微细循环,有助于钙磷矿物质的骨内沉积,促进长骨发育和身高增长。高中阶段已到青春发育中后期,腿骨已愈合;长高主要寄托于脊柱,如能多做单杠悬重、仰卧伸腰、跳跃摸高等锻炼,有望使身高继续增高 5~10 厘米。

二、促进神经肌肉发育

经常参加体育锻炼可以使青少年的神经细胞获得更充足的葡萄糖和氧气供应,保证大脑在紧张的脑力劳动中获得充分的营养,能显著提高青少年神经系统的功能、反应能力和大脑工作能力,有助于提高学习效率。经常参加体育锻炼还是一种运动性的休息,能把因疲劳而降低的视觉、听觉感受力提高 30%,使学生学习起来精神饱满,思维敏捷。经常参加体育锻炼,可以通过对新陈代谢的直接作用,使肌肉获得更多的营养,有助于肌纤维增长变粗,肌肉体积增大,弹性、肌力和耐力都得到增强。

三、促进心肺功能发育

经常参加体育锻炼,可以使青少年的心输出量增加。一般人安静时每搏心输出量为 50～80 毫升，而运动时可使之增加 3~5 倍；又可使青少年的心脏容积增大，一般人的心脏容积 750~800 毫升，而久经训练的少年运动员可达 1000 毫升；还可使心率减慢，这是心脏容积增大、心输出量增加、血管弹性增强的实际效应，能使心脏获得更多时间的休息；与此同时，经常参加体育锻炼可使青少年的冠状动脉得到很好的扩张，血脂类代谢物质在血管壁沉积减少，从而使青少年的心肌血流量增加 3~4 倍，对青少年预防动脉粥样硬化、高血压、冠心病等成人病非常有益。此外，经常参加体育锻炼，还可使青少年呼吸肌变发达，肺活量增加，使机体供氧能力明显提高，上呼吸道疾病患病大大减少。

身心健康，乃人类景仰与追求的目标；身心健康也是人们工作和事业的基础。体育锻炼正是我们实现身心健康目标与工作事业有成的有效途径和催化剂。可以说，对于人的健康与生命，体育既是一种本能的需要，同时又是一种"更高、更快、更强"的精神需求，是现代生活中不可缺少的重要组成部分。

（一）青少年的身心特点与身体素质发展特征

在人的一生中，随着年龄的变化，人的身体形态与身体机能及心理状态发生着一系列的变化。根据我国对不同年龄阶段的划分，通常把青少年定位在 7~25 岁，即儿童期：7~12 岁；少年期：13~17 岁；青年期：18~25 岁。习惯上将 7~17 岁称为少年儿童期，这一时期是长身体的高峰阶段，也是人生最重要的时期，可以说是生长、发育和教育成才的决定时期。由于在人生不同的年龄阶段中，其身心特征有其不同的特点，只有根据不同的身心特点进行体育锻炼，才能有的放矢，有所成效。

1. 儿童的身心生长发育特征

儿童期也称为学龄初期，在其身心的生长发育上有其自身的特点。身体发育特征：儿童期身体正处在生长发育两个快速生长发育期的中间阶段，因此，各形态发育指标的年龄变化，呈稳定提高趋势，很少有突增的现象。从整体上来看，身高的发育快于体重，这一时期的孩子多呈细长型。由于男女孩进入青春发育期的年龄不同，一般女孩早于男孩两年左右，因此，在男女孩形态发育方面存在两次交叉的现象。在十一二岁时，女孩的各项形态指标发育平均水平多超过男孩，出现第一次交叉。神经系统在这一时期已基本发育成熟，因此，从事各种复杂运动的身体能力已基本具备，且具有较高的智力水平。生殖系统一般尚未进入快速发育期,相对于形态、神经和淋巴系统发育水平还很低。淋巴系统在这一时期发育的速度是最快的,在12岁前后达到一生中发育水平的最高峰,并几乎达到成人水平的两倍,这与儿童期孩子身体的免疫系统不完善有关。

2. 心理发育特点

进入小学以后,学习成了孩子的主导活动,学校成为活动的主要场所,教师成为学习的指导者,同学成为一起学习、活动的伙伴。儿童生活的这一变化,对儿童发育起着重大的作用。首先,儿童开始有意识地过社会性的集体生活。进入小学前,孩子主要在家庭中与父母在一起生活,对任何事情都以"自我为中心",进入小学这一生活变化,使儿童逐渐摆脱自我中心而获得客观性,这是过渡到社会生活的重要转折。在班集体的生活中,要遵守纪律,遵守校规,所以,儿童慢慢地认识到学习的目的,意识到自己与集体的关系,明确自己的某些权利与义务。幼儿仅按照自己的欲求游戏和行动,空想与现实没有分化,一般的游戏既无目的,也没有严格的规则。小学生的游戏一般则是有目的、有规则的活动,这一点与幼儿不同,其行为变得社会化,说明心理水平有了重大发展。其次是系统地学习科学文化知识对儿童的心理发展起着重大的促进作用。通过学习,儿童从以形象思维为主要形式,逐步过渡到以逻辑思维为主要形式。而且思考的目的性、独立性和灵活性也随着知识的丰富而不断地增加。在此基础上,儿童行为的目的性和坚持性也得到提高,认识的广泛性不断地增大。低年级儿童只关心身旁的事情,高年级儿童则扩大到关心集体和关心别人,乃至关心祖国。最后,学习和体育过程对儿童的个性心理特征也发生广泛且深远的影响。文化学习和体育成绩在很大程度上决定着儿童在集体中地位和作用,在自然形成的小集体中,学习成绩好、力气大,或"点子"多的人往往是这种集体的"领袖",他们保护但也驱使其他小朋友。由于在集体中的地位不同,前者往往会培养出领袖和个人英雄主义,后者容易产生自卑感。这些儿童心理发展基本特征与体育都有直接关系。

3. 少年期的身心发育特征

少年期为青春发育期,女孩出现月经初潮、男孩初次遗精是进入青春发育期的重要标志。发展心理学家把性成熟分为第一和第二两个阶段,第一性成熟期恰值少年初期。进入青春发育期的开始年龄一般是女孩比男孩早两年左右。在青春发育期，少年的身体形态、身体机能与心理状态都发生了一系列迅速且深刻的变化。身体发育特征：进入少年期，身体形态的各种指标增长的速度突然变快，身高每年增长值为6~8厘米，有的多达10~11厘米，体重每年一般增长5~6千克，增长快的可达8~10千克。由于男女少年进入和结束第二次迅速生长期的年龄不同，因此，男女孩的身高、体重等形态指标第二次交叉一般发生在少年前期阶段，男孩再度超过女孩。另外，在少年期身体整体发育过程中，身体长度发育在先、横径发育在后是男女少年的共同特征。即先长长度，后长宽度；手脚与四肢的发育在前，躯干发育在后。有人把少年期的这种发育特征归结为"向心律"。由于这一特征，在少年期一度出现不利于运动的身体结构变化（上体与下肢比例失调的杠杆关系）。如在少年期，腿长/身高指数，非常明显地表现出"低—高—低"的大波浪变化的现象。性开始逐渐成熟，各种身体素质发展的敏感期也多集中在这一年龄阶段上，速度、力量、耐力等素质在少年期迅速提高。这一阶段各种素质和年龄差异明显大于其他时期。身体素质的男女性别差异从少年期逐渐扩大，男孩的优势日益显著。少年期身体素质与身体形态的迅速生长发育有高度的一致性。

4. 心理发育特点

由于身体形态和机能的迅速变化，也导致儿童心理上发生一系列的变化。人际关系变得比儿童时期复杂，抽象思维和独立进行学习的能力增强。但由于少年期是从儿童向成年人过渡的阶段，在心理上一般表现出独立性与依赖性共存的矛盾；心理的发展赶不上生理的发展；认识水平低、控制自己的能力弱，容易被暗示，以致做错事或犯错误。

5. 少年社会心理行为特征

由于性成熟而导致身体变化，结果使少年的性情处于彻底改变的状态。少年的学习动机、对问题的见解、彼此的尊重，往往由于突然的情绪波动而失去稳定性。他们的兴趣和爱好各不相同，并经常转移兴趣和爱好。他们难以和成年人相处，并经常有向家长、老师的"权威"挑战的极端行为。如高度的兴奋性、虚荣心和爱闹的心情，在男孩身上表现得尤为明显。随着年龄的增长，至少年后期阶段，又会重新出现心理方面的安慰状态，社会关系的范围又重新增大，出现了智力均衡的、现实的自我评定，情感控制改善，好斗行为减少。

6. 青年时期的身心特点

青年时期如同早上八九点钟的太阳，不论是身体的发育还是心理的发展，都已趋于成熟。在我国，进入 18 岁是已经成人的标志。此时，身体的正常生长发育已基本结束。身高等身体长径的发育一般已达到一生的最高水平，性的发育完全成熟。青壮年期在人的一生中是体格最健壮的时期，身体素质的发展一般是青年期达到人生的最高水平，这一阶段参加各种体育运动不受限制，运动能力的发展达到了顶点，具备了从事竞技运动的条件。在青年期的发展中，人体的横径生长仍有一定潜力，体重一般是随着年龄的增加而增长，身体力量及一般耐力素质也呈提高趋势；速度、灵敏等一些身体素质虽然不存在继续提高的趋势，但能相对长时间地保持在较高的水平上。

7. 心理特点

进入青年时期后，青年人有着自己对理想和美好未来的希望与憧憬，进取心强，积极向上，奋发有为，充满青春活力，学习兴趣广泛而稳定，学习内容和择业需求往往与自己未来的志愿相联系，认识自身存在的价值，自我意识基本成熟，自我评价、自我教育与自我控制的能力达到较高水平，形成了一个比较稳定的世界观以及较完善的个性。但是，有时遇到困难与挫折则会产生徘徊、苦闷与失望的心态，存在心理素质不够稳定的现象。青年人智力发展迅速，和成人相比没有多大差别，特别是抽象逻辑思维高度发展是青年期智力成熟的主要标志。青年人思维批判性与思维独立性有显著增强，对某事物有自己的独立见解，喜欢争论，探讨一个"为什么""怎么样"，能用逻辑判断、推理和分析事物本身发展的客观规律，并得出结论，使智力发展转化为生产力，为社会服务。青年人"情感"日益丰富。集体主义、爱国主义情感和义务感、道德感及美感等都有了很大发展；爱情体验也随之出现，而且逐渐变得强烈，愿意主动接近异性朋友。青年人为了完成某一事业或为真理而奋斗时，有一种达不到目的誓不罢休的顽强拼搏精神。但是，有时遇事还不够冷静，会出现盲目狂热或消沉情绪。

随着青年人的个性、自我意识、智力和情感的不断发展和完善,对生活和学习、工作的目的性与自觉性都有了很大提高。为了实现自己的远大理想,要努力克服前进道路上的种种困难,注重培养、发展和提高自身顽强的毅力和良好的意志品质以及坚持不懈的精神,迎接社会的竞争与挑战,使之适应时代的发展需要。

8. 不同年龄期身体素质的发展特征

通常将人体在肌肉活动中所能表现出来的力量、速度、耐力、灵敏和柔韧等基本能力称为身体素质。它是人体各器官系统的功能在肌肉工作中的综合反映。儿童和少年随生长发育的进程,身体素质也随之发展,称为身体素质的自然增长。身体素质的自然增长,按先后顺序排列是速度素质最优先,耐力素质次之,力量素质最晚,男女顺序是一致的。在不同年龄阶段中,各项运动素质增长的速度是不同的。身体素质增长速度快的年龄阶段,称为身体素质的敏感期;相对的把其他年龄阶段称为非敏感期。在身体素质敏感发展期,如果有计划地进行体育锻炼,并注意营养,可以使身体素质得到良好的发展。按照各项身体素质增长顺序的先后、快慢规律,要使速度、耐力和腰腹肌力量优先发展;其次是发展下肢爆发力;而臂肌的静力性力量发展缓慢。

力量素质是指人体肌肉工作时,依靠肌肉紧张或收缩以克服对抗阻力的能力,它主要分为动力性力量和静力性力量。力量素质是人体的首要素质,它为全面身体素质创造条件并打下坚实基础。青少年可根据不同部位的肌力敏感期年龄和不同性质力量发展的年龄来安排力量练习,腰腹肌力量发展较早,可早些安排练习,但是,专门性的力量练习宜迟不宜早。

速度素质是指人们用最短时间完成一定运动的能力。速度素质发展较力量素质早,女子在 13 岁左右,男子在 15~16 岁左右几乎接近高峰。儿童、少年是速度发展的重要时期,在体育锻炼中要及时地抓住这一有利时机进行速度练习,如短跑、羽毛球、乒乓球等;在 14 岁以后可适当安排长跑、球类活动,以便于发展其速度耐力。

耐力素质是指人体长时间进行肌肉活动的能力,也可看作是对抗疲劳的能力。耐力素质的发展较速度素质晚,它与人体的心肺功能发育有密切关系。青春发育期,由于心肺功能发育不完善,使心率较快,心脏搏出量较小,呼吸肌力量较弱,不能满足长时间运动时机体对氧的需要，容易产生疲劳。随着年龄的增加，进入青春发育期，心血管和肺功能发育渐趋成熟，耐力得到改善和提高。因而，在 16 岁以后进行耐力练习有利于自身耐力水平和有氧工作能力的提高，如健身跑、中长跑、越野跑、游泳、骑自行车等练习。

灵敏素质是指人体迅速改变体位、转换动作和随机应变的能力，又称为灵巧或机敏素质。它是锻炼者各种运动技能和身体素质在运动中的综合表现。一般认为，青春发育前期灵敏素质发展最快，采用各种反应练习来发展灵敏素质，可以取得较大的效果，到 15~16 岁以后逐渐缓慢下来。因此，灵敏素质练习宜早不宜迟，应从少儿就着手培养、发展和提高。

柔韧素质是指运动时关节的活动幅度或范围的能力。少年时期骨骼、肌肉弹性好，关节韧带的伸展度、可塑性大，年龄越小，柔韧性越好，女子比男子更好。一般在小学阶段 13 岁以前，柔韧性最好；13 岁以后发展缓慢，柔韧性是随年龄的增长而下降。因此，柔韧性练习也应宜早不宜迟，从幼儿开始才更有成效，如健身操、武术和体操等项目应从儿童开始训练。

青少年的身心健康关系一个民族、一个国家的整体素质，同时也关系一个民族、一个国家经济发展的生机活力。在现代社会中，青少年体育锻炼已为世界各国所关注。

现代社会对青少年提出了新的要求。现代社会的一个显著特征是电子计算机的出现和广泛应用于生产，由此促成了信息时代的来临，并使繁重的体力劳动大大减少。这就对现代社会的人们，尤其是青少年一代提出了应当具备现代人的素质的要求，以适应现代社会的变革和现代社会的生活方式。这不仅关系国家的经济建设与发展，同时也关系整个民族的整体素质。首先，信息社会是高智能的社会，它要求劳动者有丰富的知识，以掌握精密复杂的技术，由体力型转向智力型。其次，在动作技能上，过去那种大幅度、高强度的劳动动作将被由小肌肉群参加的小动作所代替，要求劳动者灵活、准确、协调地控制生产过程，快速而正确地判断和处理各种数据。再次，高强度、高效率的劳动和工作使人们经常处于思想高度集中的状态，神经和体力都极易疲劳。托夫勒在他的名著《第三次浪潮》中说："20 年来，用术语来说，计算机科学家已经经历了从毫秒（千分之一）到毫微秒（十亿分之一秒）——几乎是超越人们想象能力的时间压缩。这也就是说，一个人的全部工作寿命，就算8万个工作小时——每年2000小时，可以压缩为4.8分钟。"[1]这从另一个角度说明电子计算机工作的紧张程度和准确性的要求。最后，人们从事宇宙航行和海洋工程等向自然的深度和广度进军的科学探索，其都需要有更好的素质和更强的适应能力。

由此可见，现代社会对人的身体素质，特别是跨世纪的青少年一代提出了更高的要求，他们必须知识面广、体格健壮、反应敏捷、有较强的适应能力和健全的神经系统。所以，在我们致力于社会主义经济建设过程中，人的现代化是实现国家现代化的一个重要课题。实践研究证明，如果没有人的现代化，没有实现由"传统的人"到"现代化的人"的转变，尽管引进了先进的科学技术、仪器设备和经济管理经验，也不能取得成效，甚至还会造成人力物力的浪费。在我国讲人的现代化就是要面向现代化、面向世界、面向未来，培养德、智、体、美、劳全面发展的青少年一代。社会主义现代化的人不仅具有高水平的身体素质，而且具有高水平的精神素质，其主要特点是具有创造精神和开拓能力以及积极进取的不服输的个性特色。这些精神素质来自教育和训练，在这里，体育起着独特的作用。体育不仅创造了物质产品（运动成绩、纪录等）而且创造了精神产品，培养了运动员精神（思维敏捷、勇于创新、敢于拼搏、不断地攀登）。创新是体育的特点，是体育的生命，体育就是通过竞赛的形式在不断地创新中向前发展的。体育运动犹如现代社会生活的一个缩影，在体育比赛中，只有奋力进击、顽强拼搏才能取得主动地位。在社会主义条件下，竞争是积极向上的、创新的进取精神的一种表现。因此，体育特别是通过运动竞赛的方式培养现代人积极进取、勇于创新的素质有良好的效果，在实现青少年由"传统人"向"现代化人"的转变过程中起着独特的、重要的作用。

体育锻炼促进青少年成为现代社会的有用之才：健康乃事业之母，这已是人们所共识的。完善的人才，不仅应有高尚的情操、渊博的知识，而且应有健康的体魄。

强健的身体是人才成功的支柱。古今中外学者不光是具备超人的才学，而且大

[1]　阿尔温·托夫勒.第三次浪潮［M］.朱志焱，潘琪，译.北京：生活·读书·新知三联书店，1984.

都具有强健的身体。一个人如果学识丰富而没有健康的身体，他的抱负则很难实现。比如，古代的叫颜回，虽然是孔子最得意的门生，但他身体病弱，20岁头发皆白，30岁就离开人间。唐代诗人李贺，才气横溢，人称"鬼才"，可惜27岁就英年早逝了。罗马尼亚音乐家波隆贝斯库，23岁去世，他们的才华都未能得到充分发挥。这些体弱多病、壮志难酬的事例足以说明，强健的身体是人才成功的支柱。尤其是青少年时期正是全面发展的关键时期，既勤奋学习又注重身体锻炼，才能在成才的大道上不断地前进。身体锻炼是事业成功的保证。伟大的科学家爱因斯坦，列过这样一个公式：A=x+y+z，并指出，A代表成就，x代表刻苦学习、工作，y代表休息和文体活动，z代表少说空话。此公式表明了积极性休息与文体活动是人生事业成功的不可缺少的因素。俄罗斯伟大诗人普希金说得好："身体锻炼是点燃智慧的火种。"[1] 现代人也列出了一个不等式："7+1>8。"其含义是，七个小时的学习加上一个小时的体育活动，其获得的学习效果，要远远大于八个小时纯粹的紧张学习。青少年正值长知识、长身体的黄金时代，要想取得学业上成功，势必要刻苦努力地学习科学文化知识，锻炼健康强壮的体魄。再则，学习与记忆是一种繁重的脑力劳动。疲劳的大脑细胞，如果得不到积极地调整和休息，则会产生过度疲劳现象，大脑就会本能地产生抑制状态，表现出注意力不集中、记忆不准确、理解力下降等不良特征。长期下去就会使大脑皮层兴奋与抑制过程平衡破坏，而引起神经系统的功能紊乱，导致神经衰弱。因此，在紧张的学习、工作过程中，进行经常、合理的体育锻炼，不但可以使大脑获得积极性休息，还可以调节大脑的氧气和能源供应以及皮层的兴奋与抑制过程的平衡。所以，体育锻炼是青少年事业、学习成功的重要保证。

重视青少年的体育锻炼是现代社会的国际趋势：青少年体育锻炼的时代意义日益成为世界各国的共识，尤其是备受经济发达国家重视。20世纪50年代末，有学者通过测试，得出美国儿童的体质水平低于欧洲儿童，这一信息立刻引起美国上下的高度重视。接着库珀出版了一本《有氧运动》的书籍，宣传跑步的好处，此书一出，共发行一百五十万册，另一本《跑步大全》也发行近六十万册，仅纽约一地，有关跑步的杂志竟达一百余种。约翰·奈斯比特的《大趋势》中也透露，曾经红极一时的、发行

---

[1]　普希金，丘特切夫等.俄罗斯黄金时代诗选［M］.汪剑钊，译.济南：山东文艺出版社，2017.

量达到一千万册的大众刊物《生活》《展望》《星期六邮报》相继垮台，代之而起的是闭路播发站的节目和著名杂志《跑步者的世界》。1984 年 7 月，纽约市举行二十九次马拉松赛跑，每次比赛都是人山人海，有时马拉松持续六天，除夜间稍事休息外，连吃喝都是在途中进行。有人这样描绘西方的时尚："五十年代是酒、六十年代是吸毒、七十年代后是跑步。"[1] 许多西方青年以通过运动测验自己的体力和耐力为时髦，可以说，"生命在于运动。你要长寿吗？跑步吧！"风气遍及整个西方世界。

虽然青少年的身心健康受各种因素的影响和制约，但是体育锻炼对青少年的身心发育和发展却有着极为重要的作用。主要表现为以下几点，

对心血管功能的改善：经常参加体育锻炼，可增强青少年心脏功能，改善心肌营养状况，使心肌发达、心壁增厚、心脏的容积和容量增大、心跳缓慢而有力、心输出量增加、心脏的储备能力增强。安静时能减少心脏的跳动次数，增大每搏输出量，使心脏有更充分的休息时间。不参加锻炼的青少年，安静时心率较快、每搏输出量较小，心脏消耗的能量相对较大。

使呼吸机能提高：经常参加体育锻炼的青少年，呼吸肌更发达，胸廓宽阔，使胸围和呼吸差增大 5% 以上。一般人呼吸差为 6～8 厘米，锻炼者为 8~10 厘米；肺活量增加，从一般人肺活量的 2500~3000 毫升提高到 4000~7000 毫升，即使在劳动负荷大、身体需氧多的情况下，身体也不至于因呼吸器官负担过重，氧气缺乏而感到疲劳。一般青少年安静时每分钟呼吸 16~20 次，每分钟通气量为 4~6 升；而经常参加体育锻炼的青少年，安静时每分钟的通气量与一般青少年相近似，但呼吸的次数则减少，呼吸的深度增大，说明呼吸肌能增强，呼吸肌不易疲劳，能胜任较长时间的工作。

促进骨骼、肌肉的生长和发育：经常参加体育锻炼，使肌肉得到充足的营养，肌纤维变粗，肌肉体积增大，肌肉中的蛋白质、肌红蛋白和能源物质含量增多，全身肌肉发达、结实、匀称且有力。

同时，经常参加体育锻炼，可促进青少年骨骼长得快，身体长得高。因为骺软骨

---

[1] 杨贵仁，教育部体育卫生与艺术教育司.21世纪学校卫生健康教育工作全书 5〔M〕.北京：兵器工业出版社，2001.

在运动中不断地受到挤压和摩擦，细胞不断地分裂、骨化而使骨骼逐渐增粗、增长。运动时骺软骨的营养状态好，推迟了骺软骨的骨化时间，甚至在 25 岁以后骺软骨的细胞仍能不断地分裂，所以，骨骼更比不参加运动的人长得长，身体也长得高，四肢发育也比较匀称。当然，身材高矮还与种族、遗传、营养、健康状况等因素有关。此外，体育锻炼对关节、韧带的灵活性、柔韧性以及稳定性和缓冲性也有着积极作用。

提高神经系统的功能：经常参加体育锻炼，可提高大脑神经的灵活性、协调性和反应能力。反射是神经系统活动的基本方式，人体无论参加简单的或是复杂的体育活动都是通过反射活动来完成的。反射活动的结构基础是反射弧，它是由感觉器、传入神经、神经中枢、传出神经和效应器五个部分组成的。譬如，当叩击膝关节肌腱感觉器时，通过换能作用转变为神经冲动，冲动经脊神经传入纤维传递给脊髓反射中枢，经分析、比较、整合作用后发出传出冲动，经脊神经的传出纤维传递给下肢效应器肌肉，引起大腿股四头肌收缩，使小腿向前跳动，完成膝跳反射。在体育运动过程中，人体在神经系统支配下，反射时缩短，使神经的反应速度和肌肉活动更加协调和准确。

体育锻炼能提高大脑皮层的分析能力，增强记忆力和耐久力，使人体在从事繁重的脑力劳动时不容易感到疲劳。增强身体的免疫能力，经常参加体育锻炼，可以改善血液系统功能，使白细胞吞噬能力和红细胞、血红蛋白运氧能力增强，使血液中的血脂和胆固醇的含量降低，增强身体的免疫功能和抗病能力，使学习和工作效率提高。此外，体育锻炼对消化功能系统以及其他系统的组织器官机能也能起到很好的促进作用。

第四节 青少年体育锻炼的必要性

体育发展到今天，已成为一种大规模的社会活动，用以增强体质、丰富社会的文化生活。无论是群众性的身体锻炼还是竞技比赛，都是一种有目的、有意识、有组织的与政治、经济、文化、教育等相联系的社会活动。通过了解体育的产生、发展和不断完善的过程,我们可以将体育的广义概念概括如下:体育是根据人类生存和社会生活的需要,依据人体生长、发育、动作形成的机体机能提高的规律,以各项运动为基本手段,以达到发展身体、增强体质、提高运动技术水平、丰富社会文化生活、为发展经济和政治服务为目的的身体运动,通常简称为体育运动。狭义的概念是指"体育是教育的组成部分,是全面发展身体,增强体质,传授体育知识、技术、技能、培养道德品质与意志品质的有目的、有计划、有组织的教育过程"[1],即体育教育。体育的概念,无论是广义的还是狭义的,都强调以各种运动为基本手段,是发展身体、增强体质的教育过程,这就充分反映了这一事物的本来属性,即体育的本质。

体育是人类特有的社会现象。动物的跑、跳虽然也是一种肌肉活动,但不能称作体育。其区别就在于动物不具有"体育手段",不是一种有目的、有意识、有组织的教育过程。杂技团的猴子、大熊会骑自行车、投篮、滑旱冰等,那是经过训练,按一定信号刺激形成的条件反射活动,不是有意识、有目的的行为,也不能称作体育。随着医学科学的发展,人们对自身的认识不断地深化,在长期的体育实践中,为增强人类体质而形成的田径、体操、球类、滑冰等各种运动的动作与劳动、军事动作也有区别。劳动的动作是按生产过程的需要去进行操作,军事的动作是按自身的目的要求来组成各种动作,虽然人体的各种动作都是肌肉活动的外部表现,各种动作之间有密切的关系,对增强体质也有一定的促进作用,但是那些动作要服从各自的目的,所以,它对身体的影响是局部的,而体育动作,是根据人体生长发育规律,按人体结构和机能特点的需要组成的各项运动,目的在于全面发展身体。所以,以各项运动为基本手段的活动,才能称作体育。明确这点,就能清楚地把体育这种社会活动与其他社会活动从本质上区别开来。劳动的目的是为了创造物质财富,体育的目的是增强体质,目的不同,手段也不同,活动的方式、组织形式都不同,活动的效果也不同。劳动不能解决人体的全面生长发育和机能水平提高的问题,同时也不能解决人体的体格、身体素质和心、身全面协调发展的问题,所以,劳动不能代替体育。同样的道理,军事也不能代替体育。

随着科学技术的发展,新的体育手段不断地出现,体育的内涵越来越丰富,体育

[1] 王全法,陆升汉,王政.大学体育理论与实践[M].苏州:苏州大学出版社,2013.

的外延也日益扩大。就体育的目的、对象和任务而言，社会体育、学校体育、竞技体育这三个体系基本上包含体育所涉及的全部范围，或者说，当代体育是由这三部分组成的。

一、社会体育

社会体育又称群众体育，是我国发展体育事业的重要方面。国家提倡公民参加社会体育活动，增强身心健康。要求地方各级人民政府创造必要条件，支持、扶助群众体育活动的开展。国家机关、企业事业单位、城乡基层组织、各种社会团体都应按业余、自愿的原则，开展多种形式的体育活动。为发展社会体育，国家制订了一个有战略意义的、宏观的"全民健身计划"。推行全民健身计划的启动阶段称为"一二一工程"，借用体育术语"齐步走，一二一"来表示启动。它对社会、家庭、社区、学校都有具体要求，即每人每天参加一次健身活动，每人学会两种以上健身方法，每人每年进行一次体质测定；每个家庭拥有一件健身器材，每年全家参加两次户外体育活动，每个家庭有一份（本）健身报刊图书；每个社区提供一处以上的群众健身活动场所，每年开展两次群众体育活动，建立一支体育指导队伍；每所学校保证学生每天参加一小时体育活动，每年组织学生开展两次郊游活动，学生每年进行一次身体检查。

体育的保健功能表现在预防疾病、治疗疾病、康复身心。原始社会，我们的祖先就懂得用消肿舞来治疗疾病，古代的导引、吹呵呼吸、吐故纳新、熊颈鸟伸、对于肌肉萎缩、关节转动不灵、血气不周等疾病都具有明显的保健作用。华佗创编的五禽戏，他的学生吴谱依法坚持锻炼，活到90岁时仍耳聪目明，牙齿完整坚硬。生命对于每个人来说只有一次，长寿是每个人的美好愿望，体育运动可以延缓人的衰老过程，达到长寿的目的。真正无疾而终者很少，大多数都是因为疾病造成过早死亡。疾病导致人体过早衰老，称作病理性衰老；而生理性衰老，指的是人类生命过程中不可避免地发生生理退行性变化。通过体育锻炼，可以推迟生理衰老的到来，有效避免病理性衰老的发生。心脏功能的强弱，关系寿命的长短，爱运动的人，心脏功能强，能把身体的老化现象降到最低限度，血管硬化、高血压的发生率较低，其发生年龄也比不爱运动者要推迟10~15年。有人做过这样的统计，发现心跳的快慢与寿命的长短成反比,心跳越慢的人,寿命越长;心脏的跳动越快的人,寿命越短。通过体育锻炼,增强心脏功能,降低心搏频度,则可延缓衰老过程,使人健康长寿。

二、体育的社会功能

随着社会的发展,体育对精神文明建设、丰富文化生活、培养良好的个性心理、发展人际关系、增进民族之间的友谊、促进国家安定团结,加速经济建设等方面都会产生积极的效果,体育的社会功能越来越显示出它的巨大作用。教育功能可以对人们进行教育,培养良好的道德品质,激发爱国热情和奋发上进精神,体育的教育作用是广泛的、巨大的。体育处于萌芽状态时期,具有教育的性质。历史上统治阶级都把体育列为教育内容,力图发挥体育的教育作用,为统治阶级服务。西周的礼射,"明君臣之义,明长幼之序"[1],非常典型地体现了体育的教育功能。在古希腊的斯巴达、雅典教育体系中,军事体育占了重要比重,既体现了体育的教育功能,又体现了体育的军事功能。在现代生活中,各个国家更加重视体育的教育作用。体育的教育功能,在马克思主义经典著作中有过精辟的论述。我们国家历来重视体育的教育作用,强调体育是面向劳动人民,建设社会主义精神文明的重要手段之一。

由于运动的许多特点,它对人的品德教育影响是多方面的。体育运动是一项社会活动,特别是对抗性项目的竞赛,个人之间、集体之间、运动员与裁判员之间、运动员与观众之间发生频繁而激烈的思想感情的交流,为了夺取胜利,运动员要互相协作,一个人的功过得失,都与集体成败息息相关。这样,通过体育运动,使人认识到个人与集体的关系,从而培养互相关心、互相爱护、互相支持,以全局为重的集体主义精神。体育运动中的许多项目要在特定的器械和环境条件下进行,如游泳、潜水、滑翔、冲浪、器械体操等,要克服种种自然的、心理的障碍,要付出巨大的体力和智力,要具有毫不畏惧的胆识。这样,通过这些运动,就可以培养、锻炼人们勇敢、坚毅、果断、刻苦耐劳等优良品质。运动竞赛规则的制约因素,可以培养诚实、守纪律的优良作风,培养良好的品德行为。运动的对抗性和竞争性,对激励人民群众的爱国热情具有难以估量的教育意义。

---

[1] 秦敬修,秦治.《小学》通俗解义[M].北京:社会科学文献出版社,2015.

三、娱乐功能

体育运动的游戏性、竞赛性和艺术性,使它具有娱人娱己,丰富文化生活,满足人们精神上的需要、增进心理健康的功能。两千多年前,我们的祖先就已经懂得身心健康的辩证关系,这是难能可贵的。不良的心理情绪,会伤害身体,这是因为不良的精神刺激,会在大脑中形成恶性的兴奋灶,使大脑中枢降低对各器官系统的调节能力,引起食欲不振、消化不良、神经衰弱,导致机体降低对疾病的抵抗力,所谓大喜大悲均伤身体就是这个道理。

体育运动可以令人忘记忧伤,心情愉快。现代奥林匹克运动的创始人、法国教育家皮埃·德·顾拜旦在《体育颂》中写道:"啊,体育,你就是乐趣! 想起你,内心充满欢喜,血液循环加剧,思路更加开阔,条理愈加清晰。你可使忧伤的人散心解闷,你可使快乐的人生活更加甜蜜。"[1] 顾拜旦的这段话深刻地阐述了体育的心理功能。人们在闲暇时间进行体育运动,可以得到积极性休息、消除疲劳、精神饱满、情绪愉快。在游戏活动中,人们扮演着各种角色,尽情表现自己的能力,满足心理上的欲望。所以,在游戏活动中,人们总是欢乐无比、兴高采烈。运动竞赛会令人获得胜利者成功的喜悦。不同的运动给人们各种不同的心理体验,冲浪、滑翔使人产生一种战胜困难的自豪感;打球使人机智灵活,豁达合群;旅游可以饱览名山大川,赏心悦目,心旷神怡,增长知识;艺术体操、花样滑冰给人一种富于艺术的美感;气功使人悠悠自得,乐在其中……体育的娱乐功能给人们增添生活乐趣,陶冶情操,培养高尚的品德,给社会带来进步。在现代社会生活中,体育越来越成为人们生活中不可缺少的组成部分,给个人、家庭和社会带来乐趣和幸福。

四、政治功能

体育与政治制度结合,产生的作用是多方面的,最主要的是为国争光,激励人民爱国上进,振奋民族精神,增进民族团结,加强国际友谊。竞争精神是体育精神的重要内容,奥林匹克的口号就是"更快、更高、更强",在竞争中优胜者获得崇高的荣誉和奖赏,受到社会的尊敬。体育的一个显著作用是激励人们上进,奋发图强。20世

---

[1] 皮埃尔·德·顾拜旦.奥林匹克回忆录[M].刘汉全,译.北京:北京体育大学出版社,2007.

纪60年代初,我国的登山队和乒乓球队取得了辉煌的成就,给当时处在经济困难时期的全国人民,注入了一股强劲的兴奋热流,极大地激发了克服困难的勇气和信心。20世纪我国女排取得世界冠军后,来自全国各地数万封热情洋溢的信飞向北京,纷纷表示向女排学习,积极工作,努力生产,为"四化"贡献一份力量。女排的胜利证明中国青年不是垮掉的一代,而是有作为的一代。一位因严重残疾而悲观厌世的女青年写道:"你们的胜利使我已经像死灰一样的心重新燃起了火焰。"这些事实雄辩地说明,体育在教育人民、激励人民、振奋民族精神、促进社会进步方面具有巨大的作用。体育运动是一种社会集体活动,通过相互聚合在一起,交流思想、感情,互相帮助,可以促进人民之间、集体之间、民族之间、家庭邻里之间的了解,共叙友情,加强团结,保持社会安定,同心同德去进行国家的建设。

五、体育锻炼的心理影响

体育锻炼不仅对青少年的身体生长发育有重要意义,对青少年的健康心理也产生着积极的影响,同时又能促进健康情感的发展。情感是人对客观事物与人的需要之间的关系的充分反映。情感是在认识的基础上产生、发展和变化的主观体验。体育运动是人类的一种重要活动,所以,对情感的发展具有重要意义。第一,体育项目具有多样性和运动环境的复杂性,它能发展青少年的愉快、乐观、友爱、同情等多种多样的情感。第二,体育常是个体与集体相结合的运动项目,在运动中可以使青少年的情感社会化,认识到自己是集体中的一员,人与人之间要相互帮助,养成热爱集体、互帮互谅的集体主义情感。第三,体育运动具有竞争性强的特点,在锻炼或比赛中可以增加青少年吃苦耐劳、克服困难的顽强拼搏精神和乐观主义情感,它是夺取体育比赛胜利的动力。第四,通过体育锻炼还有助于培养青少年的道德情操、美感和理智等。第五,体育锻炼发展了情感,反过来情感又可以促进体育运动的发展。青少年在体育锻炼中产生愉快的情感体验,由此提高了对体育活动的兴趣,从不愿参加锻炼逐渐转变为自觉地、主动地参加体育锻炼,把体育健身贯穿在自己的一生之中。

六、体育锻炼能培养良好的意志品质

意志是指人们自觉地确定目的并支配其行动以实现预定目的的心理过程。意志品质就是意志的具体表现,它存在个体的差异。一个人的意志品质表现在他的各种行动中,这种品质就成了他的性格特点。良好的意志品质主要有自觉性、果断性、主动性、自制性、顽强性和勇敢性等。体育锻炼能培养青少年坚强的意志品质,是促进其意志品质发展的有效手段和方法。体育锻炼和运动竞赛有明确的目的性,为了达到锻炼和比赛的目的,要有克服困难,战胜"对手"的顽强勇气和信心;在瞬息万变的运动过程中,必须当机立断、毫不犹豫,迅速选择应变措施,能培养一个人的决断力;在体育活动或比赛中,要有艰苦锻炼的坚韧性,有遵守比赛规则和为了集体利益克服个人欲望的自制力;能培养一种主动性与自觉性相结合的意志品质,使青少年自觉地、积极地参加各种体育活动;体育锻炼能培养坚定、勇敢、果断、顽强等良好的意志品质,这些品质会迁移转化到青少年的学习、工作和生活中去,成为提高工作效率和学习效果的重要心理因素。因此,体育锻炼能培养坚强的意志品质,坚强的意志品质又能促进体育锻炼的蓬勃开展和长期坚持,也是达到增强体质和竞赛取胜的必要条件之一。

七、体育锻炼能增进积极的兴趣

兴趣是指人们力求认识某种事物或从事某种活动的倾向,它与注意和情感紧密联系,以至于对感兴趣的事物总是优先地注意并具有向往的心情。体育运动是一种富有乐趣的社会文化活动,经常参加体育锻炼能促进兴趣的发展。要使青少年正确地认识参加体育锻炼是身心健康发展的需要,引导他们对体育项目产生广泛、浓厚的兴趣,让青少年自觉自愿地投入到体育锻炼中去。

体育锻炼除了以上的健身作用与调剂感情、锻炼意志、增进积极兴趣的健心作用外,还能促进正确姿势、姿态的形成以及改善肤色、塑造体形和矫正身体的畸形发展,充分发挥健美作用。由此,坚持体育锻炼,能同时达到"健身、健心、健美"的效果。总之,青少年是祖国的未来和希望,他们现阶段体质的强弱将直接影响自身今后健康水平与就业的需要,也直接关系国家的建设与四个现代化的实现。我们不仅要关心他们的健康状况,同时应按照青少年身心发育的特点,科学地组织他们参加体育锻炼,增强体质,促进身心全面发展,为今后一生的身心健康奠定基础。

这样不仅在成年时代能忘我的工作，即使到了白发苍苍的老年也仍能保持高度的热忱、旺盛的精力与良好的体力，为社会多做贡献。

我们知道，现代科学技术的发展、社会的进步，给社会生产力带来了新的飞跃，也使社会生活的各个领域发生深刻的变化。有资料研究表明，现代社会已发生了五个特别重大的变化：第一个变化，是产生结构的大变化；第二个变化，是人类的劳动方式有了一个革命性的变化，电子计算机部分代替了人类的脑力劳动；第三个变化，是知识的作用越来越大，劳动者的素质和结构在变化，即体力劳动的比重越来越小、脑力劳动的比重越来越大；第四个变化，是生产组织、管理制度方面的变化；第五个变化，不仅经济领域由于新技术的发展起了重大变化，而且在广泛的社会生活领域也受到了它的影响。由此，社会科学技术迅速发展，大大地改变了社会的生产方式和人们的生活方式，其进程之迅速远非人类幼年时期的进化所能比拟的。科学技术的现有水平及其发展远景所蕴藏的创造性的空前增长，无疑会给人类生活带来莫大的好处。但是，我们也必须注意到它同时也带来了一定的消极因素，特别是在日趋现代化的社会生活条件下，对人体的健康和发展带来了一些不利影响。

人的身体和精神的发展不可避免地是由生产力发展的历史决定的。人类社会一切活动的产生、发展、变化都可以在生产方式的内部运动中找到最根本的原因。现代科学技术革命正在不断地促使科学、技术和生产的一体化，使生产朝着机械化、自动化、电气化、智能化的方向发展。人的体力劳动越来越多地被现代化的技术装置所代替，这不仅改变着社会生产的面貌、生产的方式、劳动的条件、性质和内容，而且影响着社会结构和社会生存活动的一切方面，影响着生产者的日常生活、身体发展（包括心理、生理方面）以及文化（包括体育）等方面。社会生产方式的改变，特别是电子计算机被广泛地运用于生产，在某些情况下，甚至可以不用人直接参与生产的过程，繁重的体力劳动大大减少。但是，现代化生产要求劳动者在生产过程中大脑皮层长时间地高度集中。这种集中要比单纯的肌肉活动对人体的要求要高，更容易使人疲劳，更需要进行生理和心理上的调节。另外，生产方式的改善、社会劳动的智能化，将使脑力劳动的比重逐步增加，这是随着社会发展所带来的一个必然趋势。脑力劳动的特点是长时间伏案工作，中枢神经系统负担重且身体缺乏运动。如果不通过体育活动进行调节，长此以往，就会出现所谓的"不活动性萎缩""新陈代谢低下""适应能力降低""肌力衰退""神经衰弱"等现象，这些既是现代文明病的表现，也必将是青少年一代正在面临或即将面临的一个迫切或潜在的问题。

都市化是社会工业化和现代化的过程，也是现代社会一个极其重要的特征，它对社会的发展有极大的意义。首先是城市人口的高度集中，世界人口的"爆炸"，城市人口将产生恶性膨胀。由此，迫使现代建筑不断地向高空发展，摩天大楼拔地而起。人们居住在这样与新鲜空气和阳光隔绝的建筑物中，与大自然的距离越来越远。人的机体本应生活在大自然的怀抱之中，接受大自然的哺育和陶冶。日光、空气、水这些自然因素对人体的锻炼是不可缺少的，也是其他东西无法代替的。加上城市工业化带来的大气毒化、淡水污染、土壤流失、植被减少，环境日益恶化，生态平衡遭到严重破坏，从而招致大自然对人类的报复，烟雾、酸雨、毒雪、黑风暴的增多，都构成了对人类健康的威胁。

家务劳动社会化和家用设备的电气化，使人们在日常生活中的体力活动也减少了。另外，由于食物构成的改善，脂肪和肉类食品的增加，人们从食物中摄入的热量越来越多，加之整个社会竞争加剧生活的节奏大大加快，使人们经常处于紧张状态之中，精神上承受着很大的压力。现代生活方式的这种急剧变化，造成了现代人的机体结构和机能（包括身体、精神、心理）与生活环境之间产生了不平衡，出现了所谓的"运动缺乏，营养过剩"、肌肉饥饿、精神空虚、"无气力无感情""生活能力下降"等现象。像摩天大楼综合征、冠心病、高血压、神经官能症、肥胖病等现代文明病都有增加的趋势。现代文明病的确严重地威胁着人们的健康和生命。从上述几方面的分析中不难看出，现代化在不断地改善人们生活条件和工作条件的同时，对人体的健康也带来了一些不利的影响。

当然，现代化生产对人体的不利影响是前进中的缺陷和暂时的失调，是可以逐步克服的。特别是在我们社会主义国家，科学技术革命和社会进步同步发展。我们国家在加强经济建设、实现小康社会和现代化的同时，把关心人民健康、增强民族体质作为一个良好的社会目的，纳入社会发展和建设的规划之中。我们完全可以通过防治环境污染和积极开展体育运动来解决上述弊端。正如国际运动医学联合会主席普罗科普所说的：机械化和自动化越来越多地剥夺了人们体力活动的机会，由于缺乏运动，人体机能很快就会消退，不管现代医学如何发展也没有办法弥补，目前流行的文明病就是一个最好的例证。适当的体育锻炼运动是预防文明病的最好方法。我们应当从这样的高度来认识全民健身的社会价值和地位。通过全民健身运动来调节人们的精神、增强人民的体质，丰富人们的生活已经不仅是个体的需要，而是整个社会的需要；不仅是提高社会生产的需要，而是保证人体健康地发展和人类正常生命活动的需要。同时对青少年的全面发展和提高综合素质适应 21 世纪的挑战，更有其突出的划时代意义。

第三章 科学的体育教育

第一节 传统体育教育

中国传统文化是在半封闭状态下发展起来的,以个体农业经济为基础,以血缘宗法与高度专制统一的社会为背景,以儒家思想为核心的理论型文化。因而,中国传统体育文化也被赋予了"注重人格精神和道德修养的内在气质以及自然与社会相和谐的风格"[1]。中国传统体育文化认为,人与自然是一种和谐的关系,强调整体效果和直观感受,中国传统体育以养生为主,尤其重"养",强调意念的体用和内部修炼,崇文尚柔,以静养生是其活动的特征。所以说"中国传统体育就是在中华民族中开展的具有浓郁民族传统特色的各种体育活动的总称",[2]它不同于西方体育,也不同于一般意义上的体育。它具有明显的民族性,充分体现出民族文化的心理素质,突出地再现了本民族的民族特色、民族心理和民族意识。民族传统体育作为传统文化的载体,具有历史的延续性,它不是一种单一的文化,而是各种文化交融构成的附和体,随着历史的变迁,其文化内容的增量或减量则引起了文化系统结构、模式或风格的变化,有些项目消亡,但流传下来的都是具有活力的,并得以积淀保存并延续下来,民族传统体育具有传统性,民族传统体育作为中华民族传统文化中的一颗璀璨明珠,是历史的结晶,是活的生命,有着传统的延续、继承的优势。虽然在其发展演变过程中会经过种种变革或扬弃或丰富,但它始终保留着传统的特点,传统体育文化在时间上还具有历史的纵向延续性,也是民族传统体育的一种传递方式。对维系一个民族的凝聚力和趋同意识具有很大的效应。总之,民族性是传统体育发展的基本内核,历史性是传统体育发展的必然,传统性是传统体育发展的延续,传承性是传统体育发展

[1] 李永明,吴志坤.传统体育 [M].北京:中国中医药出版社,2016.
[2] 李永明,吴志坤.传统体育 [M].北京:中国中医药出版社,2016.

的内在规律，它们共同构成民族传统体育的内涵和外延，逐渐推动着民族传统体育的发展。

一、在学校体育中进行传统体育文化教育的必要性与可行性

学校体育是学校教育的组成部分。它是根据国家制定的德、智、体、美、劳全面发展的教育方针以及社会的需要，依据学生身心发展的特点，以适当的身体练习和卫生保健措施为手段，通过各种组织形式所进行的一种有计划、有组织的教育活动，有效地锻炼学生身体，增强体质，培养学生的体育能力，进行思想品德教育，提高运动技术水平，为培养全面发展的社会主义现代化建设人才服务。学校是传播传统体育文化的主要平台，肩负着继承和传承中国传统体育文化的重任，学校体育在促进传统体育文化传播，推动传统体育文化的多元化发展中发挥着重要作用，同时按照马克思主义观点，人是生产力体系中最活跃的因素，这个因素能否发挥作用，是由人的最基础的素质决定的，即国民综合素质。人的身体素质和智力素质是国民素质的基础。根据欧美发达国家的经验总结，发展国民素质，学校是重要的一环。在民族的觉醒和国民素质的提高方面，民族传统体育文化起到了不可替代的作用。

此外，传统体育教育有它自身的内涵、方法和手段，传统体育的内涵、理论将为学校体育的发展拓展新的思路。民族传统体育是一种综合的民俗文化，是由物质文化和精神文化两部分共同构成的。物质文化是指传统体育运动是中华民族自我完善和自我发展的重要物质形式，而精神文化是指运动形式中所包含的哲学思想等。这些通过身体实践来教化人的方式是人类文化之光的折射，对于完善人的个性、培养人的能力有着不可替代的作用，它重视人自身的需要和情感愿望的满足，并以普通的、自娱自乐的消遣性与游戏性特征满足大众的需要。它对于振奋民族精神，维系民族情感，增强民族凝聚力和向心力有着显著作用。发展民族传统体育，对增强民族团结、促进社会的进步与发展具有重要的意义。因此，研究传统体育教育对克服西方竞技体育教育模式下产生的弊病有着理论和实践上的重大意义。我们应该把解决现存问题的落脚点放在如何在学校体育中改革课程设置、教学观念以及综合人文关怀等方面，并对其具体操作效能进行评价，以期改变学生对传统体育文化缺乏的现状，从而对学校体育与传统文化的融合提供参考。

二、在学校体育中进行传统体育的具体举措

为了更好地理解和发扬传统体育文化,应在学校体育教育中增添本民族的特色和风格,打破以西方竞技体育为模式的学校体育教学,丰富学生的体育生活,增强学生的身心健康。中华人民共和国成立后,一些锻炼价值较高的民族体育项目被列入全国和地方的学校体育教材。一些高等院校开设了民族体育专项课程,使民族传统体育项目成为学校教育的一个组成部分,但是传统体育文化的良好教育需要得到更广泛的传播和普及,特别是在中小学普及与推广传统体育知识与教育的任务仍然十分艰巨,传统体育的深刻内涵及文化传播的持久性和长远性没有得到广泛的理解和很好的解决。

1. 优化校园文化体育育人环境

人文素质是一种内在的品质,是在外界环境的熏陶下经过个人"内化"而形成的,人文素质教育与校园文化环境的陶冶密切相关。在硬件上,有计划、有重点地营造校园人文景观,如名人塑像、古人的人文浮雕、校训、校规等,使学生在优雅的校园文化中受到耳濡目染的影响。在软件上,重视各种体育橱窗建设、各种传统体育队伍建设,使它们同其他队伍一样系统规范,如武术队(兴趣小组)、围棋、舞龙舞狮,等等。增设人文讲座,不定时地进行对传统体育的讲解,经常开展传统体育方面的娱乐和竞赛活动,营造一个和谐的氛围,发挥社团组织在人文素质培养中的作用,以便于人文精神的形成。

2. 传统体育课程与人文学科交叉结合

传统体育文化体系是一个开放的文化体育,把传统体育课程与人文教育学科交叉结合起来,如哲学、伦理学、美学等诸多学科联系起来开设传统体育人文教育课程,为校内学生提供广泛的知识接合点,以丰富学生的知识结构,开阔学生的视野,陶冶学生的情操,组织丰富多彩的校园文化传播传统体育文化,并注重与其他学校的结合,是一种切实可行的方式,可使学生加深对本民族文化的理解。

3. 把传统体育知识同实践活动有效结合

传统体育承载了中华民族的传统文化,有别于其他学科的纯理论知识的特点。

（1）体育运动实践。在学校中，传播传统体育文化不是纯粹的理论知识传授，更重要的是要把传统体育文化理论同运动实践紧密结合起来，让学生在体育锻炼中体验传统体育文化，感受到传统文化的熏陶，才能真正达到传播和弘扬传统体育文化的崇高目标。

（2）社会实践。组织学生参加社会实践、公益活动，并通过"内化"形成人文素质。社会实践活动是学生实践能力养成的重要渠道。一方面，社会实践活动可以开阔学生的眼界，尽力缩短书本知识与社会实践之间的距离，促进学生完善知识结构，增进学生自学能力。另一方面，社会实践可以检验学生间接经验和书本知识是否正确，还可以使学生养成一定的服务社会的能力，找出差距，便于针对性地完善自己的能力结构。同时通过"第二课堂"的锻炼，使学生打下广泛能力的基础，以便针对性地完善自己的人生观，在实践中拓展知识、锻炼能力，进一步确定自己的人生目标，使其人格得到升华和完善，并更加切合实际的需要。

4. 改革学校体育课程，突出人文理念

在现在体育教育强调"终身体育""快乐体育"的前提下，在选择教学内容和组织教材时，应在不忽视体育运动给人的生理方面价值的同时，重视内涵于体育活动中的文化价值，利用传统体育的文化因素促进人的道德形成、社会化以及个性发展。在具体内容上逐步改善单纯竞技式的、成人化的运动项目，重视民族体育内容和乡土体育内容，并提倡教师的创造性改造和学生创造性学习、运用，通过参与和学习民族传统体育活动，既达到了锻炼身体的目的，又让学生在参与运动项目的同时，了解了我国各民族的特点和博大精深的传统文化，使学生在学校体育教学中，在锻炼身体的同时得到较好的本质教育。

作为传承文化的主要阵地——学校理所当然要成为其关键的介入点。学校体育将成为传播传统体育文化的重要途径之一。通过传统体育教育，丰富学生的体育理论知识。随着西方强势体育的冲击，中国传统体育在学校的阵地越来越萎缩，使很多青少年缺乏对本民族文化的认识，通过对传统文化的学习，有助于青少年全面认识中华民族五千年文明史和悠久的历史文化，更加准确且深刻地认识民族文化，把握民族精神，继承民族传统文化。同样，民族的存在与发展是同民族传统的延续与继承密不可分的。民族传统体育记载了各民族的生活情趣、人际关系、民族性格、理论道德、民众心理，同时也就记载了各民族的文化。通过对传统体育的学习，有助于以理性态度和务实精神去继承与创造中华民族更加美好的未来。民族传统体育是我国体育事业中的一个重要组成部分，它对我国现代化社会的文明和进步有着不可忽视的影响力。在学校体育中贯穿传统体育教育，不仅是培养全面人才的系统工程，更对本民族立于世界民族之林、取得一席之地具有重大意义。

第二节　重视体育教育的必要性

一、体育锻炼对身体的健康作用

体育锻炼对身体健康的作用表现为：保持积极的情绪状态，正确对待生活中不可避免的困难和挫折，充分发挥自己的潜能。这些对个体的一生来说是十分重要的。但如何保持良好的心理健康状态呢？参加体育活动就是调节个体的情绪状态、促进心理健康水平的重要手段之一。

（一）体育锻炼有助于发展智力

智力是个体圆满完成工作、学习任务的基础条件。经常参加体育锻炼可以使个体的注意、记忆、观察、思维和想象等能力得到充分发展，提高活动效率，还可以使其获得良好的情绪体验、乐观自信、精神振奋、精力更加充沛，从而对人的智力功能具有促进作用。

研究表明，一方面，由于体育锻炼能有效地促进血液循环，增强心肺功能，使大脑获取更多的氧气，给大脑的记忆和思维能力提供必要的物质保障，能够提高脑力劳动的效率。另一方面，体育活动不仅能使神经系统的兴奋和抑制过程更加有效，使其对各种刺激的反应更加迅速、准确，为智力的发展奠定物质基础，而且可以提高人的视觉、听觉、本体感觉、神经传导速度、神经过程的均衡性和灵活性，促进神经系统功能的增强。

人们在学习的过程中，大脑皮层的相关区域处于高度兴奋状态，并随着学习时间的延长而产生疲劳感,导致学习效率下降。而体育活动的参与,有助于大脑皮层的相关区域形成兴奋与抑制合理交替的机制,降低疲劳感,提高文化学习的效率。此外,个体的体质增强、身体机能水平的提高有助于充分挖掘与开发学生学习的潜力。

(二)体育锻炼有助于获得良好的情绪体验

情绪状态的调控能力是衡量体育锻炼对心理健康影响的最主要的指标。个体在复杂多变的社会环境中,常常会产生紧张、压抑、忧虑等不良情绪反应,体育锻炼可以使个体从烦恼和痛苦中摆脱出来,降低应激水平,使处理应激情境的能力增强。麦克曼等人的研究表明,经常参加体育锻炼者的焦虑、抑郁、紧张和心理紊乱等消极的心理变量水平明显低于不参加体育锻炼者,而愉快等积极的心理变量水平则明显要高一些。

体育锻炼之所以能够调节情绪,是因为体育锻炼的参与者能体验到运动带来的愉快感觉。心理学家认为,适度负荷的体育锻炼能够促进人体释放一种多肽物质——内啡肽,它能使人们获得愉快、兴奋的情绪体验。因此,参加体育锻炼,尤其是参加那些自己喜爱和擅长的体育锻炼,可以使人从中得到乐趣,振奋精神,从而产生良好的情绪状态。

1.调节情绪,陶冶情操

情绪是人的自然需要是否得到满足而产生的一种体验情绪,几乎参与人的所有活动,对人的行为活动都起着很大的调节作用。良好的情绪对人的行为具有增力作用,消极的情绪会影响人的正常学习工作,还会对人的身体、心理产生许多不良影响。长时期的情绪压抑、忧虑和紧张,还可能导致疾病。因此,保持良好的心境对学生的心理健康至关重要。经常参加体育锻炼,可使机体产生极大的舒适感。在各种运动项目中去感受运动的美感、力量感、韵律感,从而陶冶情操,开阔心胸,激发生活的自信心和进取心,形成豁达、乐观、开朗的良好心境。

2.培养良好的个性

体育教学的功能之一就是有利于学生形成正确的世界观和人生目标以及健康、积极、进取向上的个性。体育竞赛中的取胜催人奋发向上,有利于个性的形成。但失败也是对人格的考验,要让学生明白:"重要的是参与,而不是取胜。"挖掘失败中的有利因素,使他们看到成功的希望。体育运动能提高学生的心理耐挫水平,使学生正确地面对和处理各种挫折和困难,形成高尚的人格和独特的个性。

3. 体育与心理适应

人类的心理适应最主要的就是对人际关系的适应。人与人之间正常的、友好的交往不仅是维持心理健康必不可少的条件,同时也是获得心理健康的重要方法。所以,我们要让学生学会与他人相处,建立互敬、互爱、相互理解的良好人际关系。体育活动为学生提供了更多的交往机会。体育游戏、教学比赛等各种项目都能增进学生中的友谊,提高学生的适应能力。由此可见,体育运动在加强人际关系促进心理相容、培养心理适应能力方面具有重要作用。

4. 体育与心理素质

良好的心理素质主要是自信心、勇敢精神、竞争意识、意志力、自制力及自我心理调节能力等。相对于体育而言,意志坚韧顽强是十分重要的。参加体育活动特别是中长跑既是对身体的锻炼,更是对意志的考验。锲而不舍、勇于拼搏是体育精神的充分体现。让学生通过参加体育活动,体验运动的乐趣,展示自己的风采,让他们自信地参与各项活动,让学生初步了解人类意志和精神的力量是不可战胜的。

因此,现代健康具有全新内涵。“机体功能活动正常”就是健康,这是对健康的一种认识。尽管这一健康概念较客观地反映了健康在生理学方面的本质,但是它只注意到了人的生物属性,却往往忽视了人的社会属性,未能涉及人的心理状态,因此,这是不全面的。人们认可的健康观念应是世界卫生组织提出的把人的健康与机体的生理、心理状态和对社会的适应三者紧密统一在一起的三位一体的健康观念。

在健康三要素中,身体生理健康是基础。它是其他健康要素发展的前提和保证。身体健康首先应身体机能正常,各器官系统功能协调配合,代谢良好。较高水平的生理健康表现为体能良好,体能是一种满足生活需要和有足够的能量完成各种活动的能力,它源于身体的能量物质储备器官,体育锻炼是提高体能的关键途径、增进健康的有效方式。心理健康是身心健康的重要组成部分,是对健康的全面关注的表现。它是指一个人处于自我感觉良好,并与他人和社会保持和谐的状态。良好的心理健康和体育锻炼密不可分，体育锻炼可以培养顽强的意志品质、调节心理平衡、降低心理紧张感。

社会适应能力是对健康概念的科学延伸，充分体现了时代发展对人的进一步要求。它是指个体与他人及社会环境相互作用，具有良好的人际关系和扮演社会角色的能力。

二、体育锻炼对健康的影响

（一）体育锻炼对身体生理健康的影响

人体主要由神经系统、循环系统、呼吸系统、运动系统、消化系统、排泄系统、生殖系统、内分泌和感觉器官等组成。体育锻炼是由人体各器官系统协调配合所完成的，同时，体育锻炼又对各器官系统产生了良好的影响。

1. 体育锻炼与消化系统

消化系统由消化管与消化腺组成。消化系统可把食物转化为身体所需要的营养物质，并将它送入淋巴和血液，以供身体生长和维持生命之用，并将代谢过程中的残渣排出体外。经常参加体育锻炼，对消化系统的机能有良好影响，可使胃肠的蠕动增强、消化液的分泌加多，使消化和吸收的能力提高；也能增加人体对食物的欲望和需要量，有利于增强体质。

2. 体育锻炼与神经系统

神经系统主要包括中枢神经系统和周围神经系统。中枢神经系统是指挥整个机体活动的"司令部"。人体的一切活动，其本质都是神经系统的反射活动，都是经过感知、分析、判断、做出反应这个过程来完成的。经常参加体育锻炼可以有效改善和提高神经系统的反应能力，使之思维敏捷，调控身体运动更准确协调；还能有效地消除脑细胞的疲劳，提高学习和工作效率。

3. 体育锻炼与运动系统

运动系统又称为骨骼肌肉系统，由骨骼、关节和肌肉构成。经常参加体育锻炼可促进骨骼的生长发育，使骨密质增厚，骨变粗，骨面肌肉附着处突起明显，骨小梁的排列根据张力和压力更加整齐有规律，这是由于骨的新陈代谢加强，骨的血液循环得到改善,从而在形态结构上产生良好变化的结果。经常参加科学的体育锻炼,可使人体关节的机能得到提高。关节面骨密质增厚,提高对运动负荷的承受能力;关节面软骨增厚,既加大了关节的稳固性,又提高了关节的运动缓冲能力;关节囊增厚,加固关节;关节囊内层的滑膜层分泌滑液功能提高,减少软骨之间摩擦;关节滑膜囊与滑膜皱襞的形态、结构产生良好变化,有效避免关节面过大的撞击和摩擦;关节周围肌腱和韧带增粗,加强关节的稳固性,提高运动能力。经常参加锻炼可使肌肉体积明显增大,肌肉的工作能力大大提高,肌肉灵活协调、反应迅速、准确有力、耐久高效,还可以消除多余脂肪,防止肥胖症。

4.体育锻炼与心肺循环系统

在人体的各器官系统中,由呼吸系统与心血管系统组成的人体氧气运输系统(心肺系统),对人的健康及生命活动有十分重要的作用。人体通过心肺循环系统将氧气和营养物质源源不断地输送到人体的各个细胞,同时将其代谢最终产物向体外运输与排出,这是维持人体新陈代谢的基础。

现代科学研究证明,体育锻炼对人体器官系统的影响有双向效应:一方面,我们要肯定科学的体育锻炼对人体器官系统能产生良好影响。另一方面,如果体育锻炼违背了客观规律,也会有损健康。缺少科学性的盲目锻炼,对人体的健康促进作用很小,甚至还可能使锻炼者产生损伤、疲劳等症状,严重损伤身体机能。因此,我们必须在科学原理的指导下进行有规律的运动。

（二）体育锻炼对心理健康的影响

体育锻炼有助于智力的发展和进一步提高。经常参加体育锻炼,可以促进大脑的开发,使神经系统的兴奋和抑制过程更加集中,对外刺激的反应更加迅速、准确,还可以提高人的视觉、听觉、感觉、神经传导速度、神经过程的均衡性和灵活性,促进神经系统功能的增强。体育锻炼有助于情感与情绪的调节和改善。体育锻炼不但可以转移不愉快的意识、情绪和行为,使人从烦恼和痛苦中摆脱出来,而且不良情绪可以及时得到宣泄。体育锻炼有助于坚强意志品质的培养和形成。在体育锻炼中,要不断地克服客观困难和主观困难,在战胜自我的前提下,越是努力克服主客观方面的困难,就越能培养良好的意志品质。体育锻炼有助于自我正确观念的确立和人际关系的改善。通过体育锻炼结识更多的朋友，使每个人都融入集体中，为自己成为集体中的一员而心情舒畅、精神振奋。体育锻炼有助于减轻疲劳，消除心理障碍。通过体育锻炼，使自身的心理机能、身体素质得到改善，身心得到一种舒适的感受，减轻疲劳，产生积极的成就感，从而增强自信心，摆脱压抑、悲观等消极情绪，消除心理障碍。

第三节　科学体育教育

一、锻炼的最佳时间

国外许多学者研究表明：人体一昼夜间机体能力状态是变化的。每天 8—12 时、14—17 时是肌肉速度、力量和耐力相对处于最佳状态的时间，若在此时间里进行健身锻炼和运动训练，将会收到更好的效果。而 3—5 时、12—14 时则处于相对最低态，如果在此时间里从事体育运动，易出现疲劳，且"负荷量"过大时，发生运动损伤的概率大。这充分说明，人们应该根据客观条件的可能性，尽量选择相对最佳时间去从事体育活动，以期收到好的健身和训练效果。对于健康而言，从什么年龄开始运动都有效，有时间多锻炼，没时间少锻炼，只要动起来就好，哪怕只是一招一式。到底什么时候锻炼好？这是一个有争议的问题。有这样的说法，植物经过一夜的新陈代谢，呼出大量的二氧化碳，所以，早晨树林里的二氧化碳的浓度相对高一些，一些灰尘也在空气中飘浮，对人的健康不利。另外，人的血压在早上比较高，容易出问题。其实，是不是在早晨锻炼，主要取决于锻炼的目的。如果是为了减肥，为了增加对运动技能的记忆，早上锻炼非常好。

人在早晨一觉醒来的时候，已经把昨晚吃进去的能量消耗得差不多了，这个时候不吃饭去锻炼，就会产生一个结果 —— "燃烧"脂肪。因为早上能量没有了，肝脏里还有一部分糖原，当这些糖原的浓度降低到一定程度的时候，脂肪"燃烧"就会成为主导的供能方式，这时就使减肥成为可能。所以，早晨运动对减肥、对防治脂肪肝特别有好处。此外，人在早晨的时候，学健美操、学交谊舞、学太极拳……学任何一种技能，都比在其他时间学更容易掌握。因此，早上锻炼取得的健康效益，在某种意义上说更多一些。古人讲究"闻鸡起舞"，健身一般选择在早晨。至于说早晨空气中的二氧化碳多、污染严重，并不是主要理由。其实，白天汽车尾气等的污染也很严重，还能放出铅、重金属和一些化学废物，如苯等。早晨的血压高，可以通过药物进行调整。因此，究竟什么时间锻炼最好，不是绝对的，而且要因人而异。无论是早晨锻炼，还是下午锻炼，运动都要适量。

运动需要因人制宜，还应该是循序渐进，开始的时候活动不要太剧烈，以后逐步地增加运动的量，而不仅是简单地活动一下，就能解决问题。衡量运动是不是过量，除了可以用心率来反映外，还有一个最简便的办法就是谈话实验，如果运动的过程中喘得都说不上话了，就说明运动过量了。不管做什么运动，尤其对于中老年人，从锻炼身体来说，适合做的是全身性的活动。比如说游泳、跑步、走路，这些都可以，做体操也行，但是总要达到一定的量。有一种"三七"的说法。所谓"三"，就是每次运动的时间应该在 30 分钟以上。如果运动的时间在 20 分钟以内，强度也不算很大，恐怕最多就是消耗一点血液循环当中的血糖，起不到减肥或者是消耗身体里积累的过多脂肪的作用。需要注意的是，吃得特别饱以后，立即进行运动肯定不好，这是因为饭后，你的血都集中到胃里去消化食物了。

也有研究表明，晚上才是锻炼的最佳时间。美国芝加哥大学临床研究中心 20 日发表的一份研究报道明确指出，人体生物钟在机体对运动的反应中起到比以前认为的更为重要的作用。这一结果可能会改变人们早上锻炼身体的习惯。研究中心对年龄在 30~40 岁的男子进行了一天内不同时间段机体（荷尔蒙水平）对运动反应的研究，结果发现，晚上和夜间两个时间段，人体新陈代谢的关键物质荷尔蒙对身体锻炼的反应最强烈。芝加哥大学的研究人员说："在夜间或晚上，与脂肪新陈代谢相关的皮质甾醇和与肌肉修复相关的促甲状腺激素（在血液中含量）急剧上升。"研究人员举例说，早上在跑步机上高强度运动一小时后进行的血验结果显示，荷尔蒙的水平与同一时段卧床休息时的含量相当。而在晚上 7 时到第二天凌晨 2 时做同样的运动后，荷尔蒙的水平比其他时间段要高出许多。这表明人体内荷尔蒙在不同时间段对运动的反应受生物钟或者生理节奏的控制。

清晨、中午和晚上，你是在什么时间锻炼呢？当然，你的锻炼时间受你的工作、学习的限制。但是，如果你可以任意选择的话。那么是否存在最佳的锻炼时间呢？专家们说：有。但是这个时间在很大程度上依赖于你自己。近年来，科学家在不断地探索生物钟和运动之间的关系，以求找到一个每天能够消耗脂肪最多的时间。结果发现，身体温度的变化将最大限度地影响锻炼的质量与效果，也就是说，当你锻炼时，体温越高，锻炼的效果就越好。

通常情况下，在起床前1~3个小时内，体温是最低的，而到了下午的时候就会升到最高。因此，可以肯定地说，运动的最佳时间是在下午。在这个时间里，你的肌肉温暖、体力充沛、心率平稳、血压较低。但科学家也警告说，不要认为生物钟的规律就能决定一切。你锻炼的最佳时间还得取决于你是否能够按时去做，所以，把时间安排在不会影响正常工作的时间里，而且也不要总是想着身体的生物钟。

在决定什么时间锻炼之前，你最好先问自己两个问题：第一，你的作息时间是什么？你是不是在下午或晚上的时候都很忙？是不是早上的锻炼更适合你？或者，你是否有必要调整到早上、下午或晚上去锻炼？第二，你何时感觉状态最佳？你早上起床有困难吗？你是不是那种办事拖拉的人？那样的话，锻炼肯定就会被你排到最后一项了。也许你会认为早上更活跃，你的状态最好且愿意在早上锻炼，但你是否想过，你还有一整天的事情要做，还需要你以更充沛的精力去处理一天的事务。但是，清晨锻炼有一个最大的优点：人们很容易坚持下来，因为这时锻炼不会存在时间安排冲突的问题，人们也不会受其他事情的影响而分心。而能否持之以恒是锻炼的一个很重要的影响因素。不过，无论你选什么时间，都要遵循以下建议，从而使你的锻炼更有效，也更有趣。

（一）早上锻炼

（1）当天晚上就把第二天要穿的衣服放好。当闹钟响的时候，你就可以直接跳起来，而不用到处去找衣服和鞋子。

（2）设两个闹钟。一个放在床边，一个放在房间里，这样可以防止你偷懒。

（3）找一个伙伴。通常和一个伙伴一起锻炼是很有趣的，那么为什么不把这条加进你的锻炼计划中呢?当你想偷懒或放弃的时候,你的同伴会时刻提醒你,促使你坚持下去。

(二)下午或晚上锻炼

(1)确定锻炼时间并坚持下去。不要让其他事情分心而放弃锻炼,尽力把时间安排在星期天晚上。如果你有什么小调整,也可以,但是一定不要影响你达到目标。

(2)如果你在户外锻炼,就要注意安全。夏天时要防止中暑和脱水,要多喝水。

二、锻炼身体的原则

科学锻炼身体的原则,就是指科学地锻炼身体必须遵循的规矩。锻炼身体是为了增进健康,全面发展身体,以求增强体质。科学锻炼身体的原则,其本质在于有效地去发展身体能力,增强人的体质,离开这一点,就谈不上什么原则。根据这一点,科学锻炼身体的原则有渐进性原则、反复性原则、全面性原则、意识性原则及个别性原则。

(一)渐进性原则

"进"就是前进、发展、提高,而不是停留在一个水平上,"进"是逐步的、依次的、循序的变化,而不是突然或急剧的变化。渐进性原则是根据体质增强的规律对应用各种体育手段去锻炼身体的过程所确定的规矩。在科学锻炼身体的过程中,最本质的问题是运动负荷的问题,"渐进"不是说天天地、每次地平均增大负荷量,而是按照人体对运动的适应性变化,根据超量负荷的要求,有计划地增大运动负荷。一定的运动负荷量,对身体作用一定的次数和时间之后,才能引起身体的适应,然后再逐步增大运动负荷,使身体产生新水平的适应,最终达到增强体质的目标。渐进性原则就是按照这个适应性变化,计划性地调整运动负荷的锻炼方法。

(二)反复性原则

反复是一次次重复的意思。反复性原则是指运用各种手段锻炼身体的过程,具有一次又一次,多次重复的特性。经验告诉我们,在锻炼身体过程时,只练习几次对人的作用不大,只有多次练习到一定程度时,才能对身体产生良好的作用,而反复次数过多,也会给人体带来很多副作用。因此,反复是有规律、有限制的重复,是锻炼身体的又一个规矩。反复中要遵循哪些要求呢？首先是运动和间歇相结合，既要有充分的运动，又要有适当的休息。这并不是说一次运动后必须有充足的休息，而是可以在几次或几天运动没得到充分休息时，给以更加充分的连续休息。其次是在周间、月间、年间、数年间都要连续不断地进行体育锻炼。中学阶段应每日参加体育锻炼，切不可三天打鱼两天晒网。

（三）全面性原则

人的身体是一个整体，要想增强体质，就必须使身体的各局部都得到锻炼和发展。具体来说，就是要使身体各部分（如头颈部、躯干部、四肢）、各器官系统（如心血管、肺、神经、胃肠等）功能、身体各种素质以及人体各种基本活动能力都得到发展。有些人认为，全面性只是指大肌肉群的活动，这是片面的看法。体质的强弱涉及身体各有关局部的发展，就是一个不会危及生命的小局部不健全，也会对整体带来不良影响。例如，牙齿坏一个并不危及生命，但它会给健康造成不良影响，所以，古人健身就有"熨面扣齿"之法。青少年正处于快速发育时期，更需注意对身体的全面锻炼，且不可单凭兴趣去参加某一种活动而放弃全面性原则。

（四）意识性原则

意识性原则是指要有意识地从增强体质出发去进行锻炼，而不是盲目地或无目的地乱练一气。人的活动除了有机体的自律活动和反射活动之外，所有的随意活动都伴随着一定的意识。盲目性不是无意识，而是意识不清、意识程度肤浅、意识的指向性错误。增强体质的意识与竞技比赛意识有极大区别，在科学锻炼身体的过程中，要把意识逐渐指向发展身体，增强体质的目标，而不能指向单纯地提高运动竞赛成绩和夺标上。有些青少年把参加体育锻炼的意识指向比赛、指向娱乐，而把增强体质看作是练习过程中自然可达到的结果，这就收不到发展身体能力、增强体质的效果。所以，在体育锻炼过程中，每一个人都要增强和树立起正确的意识。

（五）个别性原则

个别性原则是指在锻炼过程中，要根据个人的特点去安排锻炼的方法、内容和运动负荷。每个人的体质都有各自的特点，只有针对这个特点去锻炼才能收效，所以，这个原则就是要求按个人特点选择锻炼手段和方法的一条规则。要贯彻这一原则，需要对自身状况有系统了解,这就需要对身体的形态、机能、素质和运动能力等进行测量和评价,在取得一定数据的基础上,选择适合自己的锻炼方法。例如,一个学生心肺功能较差、跑的能力不强,他就可以针对自身的弱点,在锻炼中增强这方面的内容。当前国内外提倡在锻炼中实行"运动处方"的方法,正是这一原则的重要性被人们重视的反映。

三、锻炼身体是否科学的检验原则

1. 自我感觉

在正常情况下,每次锻炼前应该是精神饱满、体力充沛,对锻炼有兴趣,锻炼后能很快消除疲劳。如果在锻炼前感到体力不佳、精神不振、缺乏锻炼的愿望,锻炼时容易疲劳和出汗、有头晕等感觉,锻炼后长时间不能恢复等,就应该及时调整运动负荷。

2. 睡眠

经常运动的人,会很快入睡,睡得熟、很少做梦,起床后精神饱满。如出现失眠、屡醒、多梦、起床后精神不好等现象,如无其他病因,就应检查锻炼的方法和运动负荷是否合适。

3. 食欲

经常运动的人食欲良好。有时因运动负荷过大或大量出汗,过多失去水分和盐会使食欲减退。最好在运动后半小时左右进食,使身体恢复到安静状态,就会有良好的食欲。

4. 体重

锻炼初期,由于新陈代谢加强,体内脂肪和水分消耗较多,体重可能减轻一些。过一段时间以后,由于肌肉质量和体积的变化,体重就会保持在一个比较稳定的水平。随着年龄的增长,体重应逐渐增加。一般正常情况下,每次锻炼后,体重或多或少都有所减轻,经过休息即可恢复到原来的水平。大家可以通过测定运动前后的体重并加以比较,以观察运动对身体的影响。

5. 脉搏

运动员通常每分钟脉搏 50~60 次,甚至更少,初中学生每分钟脉搏 70~80 次,脉搏减少说明训练水平有所提高。在锻炼期间,如出现锻炼后安静时脉搏加快的趋势,说明疲劳逐渐积累，应注意减少活动量。除此之外，进行体育锻炼时还要注意安全，经常检查场地器材，加强自我保护，遵守运动卫生的要求，这样才能避免运动损伤，获得良好的效果。人们的生活普遍好了，身体的毛病却越来越多了，其原因就是对身体锻炼的忽视。要使身体锻炼的效果更好，就要遵循科学锻炼身体的原则和要求。

四、科学训练的方式

（一）力量训练

力量是一切运动的源泉，是指以肌肉收缩克服和对抗内外阻力的能力，它主要由以下两种因素组成。

（1）完成动作时肌肉群收缩的合力。如直拳击打，除上臂的肱肌、肱二头肌外，肩带肌肉亦参与工作，这些肌肉参与直拳运动，形成合力击打目标。

（2）肌肉收缩的协调能力。当主动肌工作时，其他协调肌配合。例如，横踢目标时，大腿前面的股四头肌用力，大腿后侧肌肉则放松配合，否则没有力量。

肌肉力量按部位分为上肢力量、腰腹部力量、下肢力量；按肌肉的收缩形式，肌肉的力量可分为动力性力量与静力性力量，而动力性力量可再分为重量性力量和速度性力量。一般而言，武警擒敌术通常为动力性力量。按运动项目对力量素质的不同要求，也可把力量素质分为最大力量、快速力量和力量耐力三种。力量训练的手段是多种多样的：一是徒手练习，如拳法中的空击练习、发展腿部力量的蛙跳、30米跑、中长跑等。二是利用力量训练器材练习。训练器材，是指专门用来发展力量素质的器材，如综合练习器，可以使人在坐、卧、站等各种不同姿势下发展运动员所需要的肌肉群力量。发展力量训练的方法如下。

（1）负重抗阻练习。这种练习是依靠负荷重量和练习的重复次数来发展力量素质，如推举杠铃等。

（2）对抗性练习。这种练习是双方以短暂的静力作用发展力量素质，如双人顶、推、拉，负重下蹲等。

（3）克服弹性物体的练习。这是依靠弹性物体变形而产生的阻力发展力量素质，如用拉力器、拉橡皮筋等。

（4）使用力量训练器练习。它可以使身体处在各种不同姿势下进行练习。

（5）克服外部环境阻力的练习。即克服自然环境，发展力量素质，如在沙地、草地、雪地跑或跳等。

（6）克服自身体重的练习，如杠端臂屈伸、引体向上、仰卧起坐、推倒立、纵跳等。

大家在发展力量训练中应把握以下几个问题。

（1）要有针对性。一是注意专项特点，二是注意准确的发展部位。例如，在发展某肌群力量练习时，一定要将阻力施加于该肌群。

（2）系统安排。力量训练增强得快，停止训练后消退也快。例如，力量训练20周，每天练习，力量增长为100%，以后完全不练，30周后完全消退。

（3）局部力量与整体力量要结合。要科学安排和调整运动负荷；力量训练要与其他非力量训练或放松练习交替进行，以增强肌肉的弹性；力量训练要合理安排，通常每周不超过三次。另外，力量训练不宜在疲劳时进行，否则就不是发展力量而是发展耐力了。

（二）速度训练

速度，是指人体快速运动的能力。武警擒敌术训练是一项全身性的复杂运动，为了击中目标或避开对手的击打，就必须具有迅速完成各种动作的速度，这也是在实战中能否击败对手的重要条件。

速度训练的主要内容如下。

1. 位移速度。即动作中突然改变方向的能力，主要包括平衡和对惯性的控制，如步法、身法的移动等。

2. 肌肉速度。即以正确快速的动作克敌制胜的能力，主要是肌肉收缩的速度。

3. 心灵速度。即用灵活敏捷的思维，思考如何挫败对手，反击对手。

4. 动作速度。由正确的状态、正确的姿势，以技术动作攻击。

5. 视觉速度。它是指眼睛能否在对手运动或静止时迅速地发现其破绽。

具体训练方法如下。

1. 练习30米跑：身体素质训练采用30米跑就可以了。这样的距离，能发挥速度，提高下肢力量，还能提高协调性。在跑步过程中改变条件，还能培养受训者精神集中能力和应变能力。它包括以下内容：30米快速跑、30米变向跑、30米加速跑、30米侧向跑。

2.练习反应速度：一方进攻，一方防守。要求防守者在对手进攻之前发现其动作，并准确做出防守动作。

3.快速跳绳（半分钟跳绳，计次数）：一是双脚跳一次，绳绕一周，二是双脚跳一次，绳绕两周。

4.打靶练习：一是按照预定的顺序，击打拳靶、腿靶，评定完成规定动作数量所需的时间，二是规定30秒时间，按预定顺序反复击打拳靶、腿靶。

5.负重练习：如马步推砖、戴重拳套和腿系沙袋空击或击打吊袋等。

大家在速度训练中应注意以下几个问题。

1.要以最快的速度完成训练动作，采用的动作是受训者已熟练掌握的正确动作。

2.击打动作练习持续时间一般不应超过20秒。

3.专门性的动作速度练习应与实战对抗动作相一致。

4.训练时要掌握好练习的间歇时间。

（三）耐力训练

耐力是身体素质的基础，是证明人体能否持久活动的能力。例如，在擒敌术实战对抗训练中，一名技术超群、速度快、拥有良好战术思想的战士，在第一和第二回合中可以轻而易举地在得分上领先于对手，但在第三回合中，仅仅因为耐力不足，攻守僵化、呆板，动作迟缓，甚至会出现由胜到败的局面。所以，加强耐力训练，练就充沛的体力，是正常发挥技术和战术水平的重要保证。

耐力训练的一般内容：耐力在擒敌术中主要分为两种：一是力量耐力；二是速度耐力。它表现为在较短的实战时间内，能保持有一定的力量、速度，且有一定的密度和强度。

耐力训练的一般方法如下。

1.击打沙袋。在充分做好准备活动之后，要保持一定速度和力量，连续做五组以上击打且每组为三分钟。

2.变速跑。3000~10000米距离中，快跑50米，慢跑50米。

3.匀速跑。心率控制在每分钟150次左右，负荷时间保持在30分钟以上。

4.五公里越野跑。跑步时，要经常变换步幅和节奏（不停地改变步幅，可使不同的肌肉纤维受到锻炼）。

5.跳绳。跳绳3分钟，休息1分钟，再进行下一组的练习。每次训练做三组即可。当受训者觉得适应此运动量时，可去掉中间的休息时间，连续跳30分钟。

6.空击。3分钟为一组，做3~5组。

7.实战。与不同对手进行车轮战练习。

大家在耐力训练中，应注意以下几个问题。

1.要安排好练习的数量、强度、重复次数、间歇时间和休息方式。

2.要针对实战对抗的特点和受训者的身体素质，尽可能地进行专项耐力训练。

3.要注意锻炼和培养受训者吃苦耐劳和坚韧不拔的意志品质。

（四）柔韧训练

1.柔韧训练的目的：通过柔韧训练，可以增强韧带和肌肉的伸展能力，加大关节活动范围，增强身体的柔初性。良好的柔韧性是正确掌握动作要领和达到动作要求的重要条件。

2.柔韧训练的分类：根据人体的部位分，主要有上肢的柔韧训练和下肢的柔韧训练。

训练方法如下。

1.竖：受训者两腿伸直，前后分开下压，上身直立，手可扶地。

2.横：受训者两腿伸直，左右分开下压，上身直立，手可扶物或人。

3.半劈：受训者一腿伸直，腿后侧着地，另一腿屈膝，脚跟贴臀部，腿内侧着地，两腿尽量分开，侧身下压，臀部着地；上体可做前俯后仰的压振动作。两腿屈伸交替互换，反复进行练习。

4.压腿：分正压腿和侧压腿。受训者一腿支撑，另一腿的脚后跟放在与腰或胸同高的物体上。正压腿时，脚尖勾起，上体向前下做压振动作；侧压腿时，脚尖内扣，支撑腿的脚尖外摆，身体外转，上体向侧下做压振动作。压振时，上体及两腿挺直。

5.正踢腿：受训者上体挺直，两臂左右分开伸直，手成拳；腿挺直，勾脚尖向上猛踢，左右腿交替上踢。

6. 两人配合练习如下。

（1）坐地压髋：受训者面对面坐下，两腿伸直，左右尽量分开，脚跟对脚跟，手拉手；一人上体向后倒地时，肩背部着地，另一人上体前俯；然后前俯者将对方拉起，自己肩背部着地，对方上体前俯；反复练习。

（2）站立侧摆腿：受训者面对面站立，两手互搭肩，其中一人起一条腿向左（右）侧上方反复摆动，脚尖指向体前。两人交换练习。

（3）站立压腿：分正压腿和侧压腿。受训者面对面站立，其中一人将一条腿放在对方肩上，正压腿时，脚尖钩起，另一人两手抱其膝关节后撤并下压，两人交换练习。

在训练中，要注意以下几点。

1. 要持之以恒，循序渐进，严禁强制硬压。

2. 压腿、压髋前要充分做好准备活动，提高肌肉温度，避免肌肉、韧带拉伤。

3. 柔韧性训练要适度，要注意全面协调发展，防止过分发展柔韧性，造成关节和韧带变形。

第四章 促进青少年健康的改进举措

第一节 加强体育知识学习

一、加强体育锻炼的目的

青少年体育锻炼的根本目的在于增强体质,只有科学地利用体育手段和方法,合理地安排好锻炼的内容和负荷,并且与膳食营养有机地结合,青少年的体育锻炼才能取得理想的效果。体育锻炼(亦称身体锻炼)是科学地利用体育手段,并结合自然因素和卫生环境因素,以发展身体、增进健康、陶冶情操、丰富文化生活为目的的身体活动过程,其特点是以增强体质为目的。体育锻炼重实效,侧重于提高各器官系统的功能水平,而不过分地追求运动的形式。

具有广泛的群众性。不论男女老少,不论是何种职业的体质强弱,都可以参加体育锻炼。

内容、方法灵活多样,可因地制宜、因人而异,根据不同年龄、性别、身体状况、职业需要等合理安排锻炼的内容和方法。

组织方式灵活机动。可集体在统一规定时间锻炼,也可按各人的生活、工作情况进行自我锻炼。总之,只要遵循锻炼身体的生理规律和增进健康的科学原则,便不受任何约束。

体育锻炼与体育教学和运动训练紧密联系、相互渗透,既有相同,又有区别的不同概念。其共同点是:它们都以各式各样的身体练习为基本手段,要求承受一定的运动负荷量,以促进身体的新陈代谢,提高人体的生理功能,增强体质。体育锻炼和体育教学、运动训练,都具有教和学的因素。但它们的具体目的、对象、内容、方法及组织形式等方面则各有侧重,并不完全相同。体育锻炼是以体育的身体练习为手段,以增强体质、促进身心健康为目的，以达到身体的完善和发展的一种社会实践活动。可以说，体育的实质是身体的练习或身体的锻炼，只有通过身体的锻炼，才能强其筋骨、壮其体肤、益其心境。

然而，事物的存在和发展必然有其两重性，体育亦然。这就需要我们有科学锻炼的知识和科学锻炼的实践，需要我们重视和做好体育锻炼的卫生保健，从而使人体的身体机能得到科学、合理的锻炼，获得尽善尽美的最佳锻炼效益，达到参与体育锻炼的目的。在体育锻炼的过程中，涉及人与环境的关系，涉及不同的条件变化。由于体育锻炼是通过身体的活动来实现的，锻炼的外在因素在相当程度上影响和制约着体育锻炼的效果，需要我们充分重视和把握好锻炼环境和不同季节锻炼的卫生保健。

二、体育锻炼的常识

（一）体育锻炼环境的卫生要求

体育锻炼环境是指人们进行体育锻炼运动时所处的外界条件，如空气、场地和运动建筑设备等。体育锻炼的环境也是人类赖以生存的自然环境的一个局部，因而，它主要受自然环境的影响。人类在一定的自然环境中生存，无时无刻不受自然环境的影响，其中有的对人体有利，有的则有害。在环境中，除自然存在的一些不良因素（如恶劣的气候、不洁的水质或土壤、火山爆发造成的大气污染等）外，还经常有人为的不良因素，如生产和生活过程中产生的废气、废水、废物等有害物；常造成空气、水和土壤的污染，这是现代社会影响人体健康的重要因素之一。此外，不适当的建筑设备及衣、食、住、行都会影响人体健康。环境因素对人体健康有影响，而对人体在运动时的影响更大。因为人体在体育活动时，体内物质代谢增强，与环境的关系更为密切，受环境的影响就更大。例如，普通成年人每分钟吸入空气约9升，而在剧烈运动时，每分钟吸入的空气就可达100升，增加了十余倍。若空气中含有害成分，运动时吸入体内的有害物质就比平时多很多，对身体的危害更大。再如，人体有维持体温恒定的机能，它是通过体内的产热和散热过程的增强或减弱来适应外界气温的。当外界气温低时，体内产热都大量增加，一般人安静时每分钟消耗热能约1.56千卡，而在剧烈运动时可达几十千卡甚至上百千卡，可比平时增加一百倍以上。体内产生这么多的热能，在高气温环境下是较难向外散发的，体内的多余热能不完全散发出来，就会蓄积在体内而使体温升高，因此，在高温环境下运动较容易发生中暑。在体育锻炼的过程中，身体的活动与机能状态较之平常的学习工作有较大的变化，这就要求青少年体育锻炼要根据人体活动的生理规律来进行，应当遵循人体运动的生理特点去进一步实施。

（二）体育锻炼前的生理卫生

青少年参加体育锻炼前，除了要根据季节气候条件的变化，注意锻炼场地、器材和个人着装的卫生要求和准备外，还应当重视和做好体育锻炼前的预热与准备。准备活动的作用在于使体温升高，使参加活动的组织得到充分伸展，增强肌肉韧带的弹性，增大关节活动的幅度，减少受伤事故的发生。特别是寒冷气候下或是比赛前的准备活动对神经系统的影响和心理上的准备是更为重要的。准备活动的良好作用，在很大程度上是由于体温的升高，体温每上升 1℃，细胞代谢率约增加 13%。体温较高时，血液与组织的氧交换也较迅速，这是由于肌肉中毛细血管开放的原因。体温增高还可以加速神经系统的信号传导。在体育锻炼过程中，身体机能随着身体活动的加强而加强，当身体活动减弱或停止时，身体机能也随之逐渐复原。为促进身体机能的恢复和提高体育锻炼的效果，我们还应当注意体育锻炼后的生理卫生。

（三）体育锻炼后的身体缓冲与整理放松

在体育锻炼过程中，人体发生了一系列的生理变化，如呼吸和血液循环系统的变化，在运动停止后还维持在较高水平，肌肉负荷所产生的代谢产物（如乳酸）也仍然处于较高水平的积累，这些都需要在运动后有一个恢复和消除的过程。也就是说，锻炼后，尤其是剧烈运动后，身体需要有一个缓冲的过程，需要从运动的应激状态逐渐退出，这就需要我们重视和加强运动后身体的整理放松。

整理活动的过程与准备活动相反，活动的强度逐渐下降，使生理机能水平逐渐平稳和降低，肌肉对静脉的挤压作用，逐渐下降到一定水平。特别要注意在做整理活动时，要尽量使参与活动的肌肉得到伸展和拉长，为使在运动中负荷较重的肌肉能保持拉长状态，可做 2~3 次的伸展练习，每次坚持 1 分钟左右。例如，赛跑运动员要牵拉大腿的后部肌群和腓肠肌。实验研究证明,运动后的牵拉活动,可以减少肌肉的延迟性酸疼和僵硬,对刚参加锻炼的人来说更为重要。

整理活动应着重全身性的放松活动,活动量要逐渐减小,活动速度逐步放慢,并结合做深呼吸提高气体交换效率。同时应根据锻炼项目的负荷特点,在全身性放松活动的基础上,对负荷较大的肢体做重点的局部放松,可以做局部按摩、牵拉和抖动,也可以配合锻炼指导员的口令(有条件时,还可配合播放一些抒情的音乐),进行意念放松,对身体与心理的调整放松效果更佳。

体育锻炼效果的好坏,既与锻炼项目的选择有关,也与锻炼过程运动量的掌握有关。因为体育锻炼不同于竞技比赛和运动训练,锻炼项目的选择要与青少年的身心特点相适应,锻炼的运动量大小需要与青少年的身体机能适应相吻合。如果运动量非常小,不用动员内脏器官的潜力就可以负担下来,这样就达不到提高内脏机能的目的,因而,通过锻炼收到的实效就小。如果运动量持续过大,在安排锻炼时又缺乏必要的节奏,长期超过人体生理负荷的极限则会引起人体产生两种反应,一种是急性的,另一种是慢性的。急性的反应是,人在剧烈运动时,心脏负担不了过大的运动量,心肌出现急性衰弱,引起血压下降,脉搏急促而微弱,出现头晕、恶心、面色苍白、极度疲劳等症状;慢性的反应是:由于运动量过大,出现大脑皮层兴奋和抑制过程失调,而且多数是抑制过程削弱,这时人虽然感到很疲乏,睡不着,疲劳也长期不能消除。此外,还会出现一些其他神经系统方面的症状,如头疼、食欲不佳、对运动没有兴趣等。

为此,在体育锻炼过程中,不仅需要根据青少年的身心特点选择锻炼项目,也需要我们动用医学的方法,把握体育锻炼的运动量,同时还应当及时了解和把握体育锻炼的身体适应状况,才能使青少年的体育锻炼更具有科学性和实效性。

(四)体育运动小常识

1. 剧烈运动时和运动后不可大量饮水

当运动时,体内盐分随大量的汗液排出体外,饮水过多会使血液的渗透压降低,破坏体内水盐代谢平衡,影响人体正常生理功能,甚至还会发生肌肉痉挛现象。由于运动时,需要增加心跳、呼吸的频率来增加血液和氧气,以满足运动需要。而大量饮水会使胃部膨胀充盈,妨碍膈肌活动,影响呼吸;血液的循环流量增加,加重了心脏负担,不仅不利于运动,还会伤害心脏。

此外,大量饮水会使胃酸浓度降低,影响食物消化;长期运动后大量饮水容易得胃病。

2. 进餐后不宜运动

进餐后需要较多的血液流到胃肠,帮助食物消化与养分吸收,如果这时参加运动就会造成血液流向四肢,妨碍胃肠的消化,时间一长就会导致疾病。体弱者进餐后血压还会降低,称为餐后低血压,外出活动容易跌倒。长期餐后运动容易得盲肠炎。饮酒后不可以进行游泳等运动项目。

3. 在不适当的地点运动会带来伤害

由于运动的基本功能是通过呼吸从外界摄入大量新鲜氧气,以满足健康的需求,故运动前一定要选择好地点,以平坦开阔、空气新鲜的公园、河滩、体育场等地方为佳。

4. 不要在情绪不好的时候运动

运动不仅是身体的锻炼,也是心理的锻炼。当你生气、悲伤时,不要到运动场上去发泄。运动医学专家的解释是:人的情绪直接影响着身体的生理机能,而情绪的变化又产生于大脑深部,并扩散到全身,在心脏及其他器官上留下痕迹,这种痕迹将影响人体机能的健康。

5. 选择最佳运动量

选择最佳运动量的方法很多,如指数评定法、心率评定法、库珀评定法、菲克斯评定法、疲劳评定法、简便评定法、阶段评定法等。由于每一个人的实际情况千差万别,安静心率相差 15%~30%,甚至更多,所以,选择最佳运动量应根据自己的年龄、性别、职业特点、体力状况、健康水平、体育基础、生活环境、目的任务等情况来决定。

6. 运动后营养的补充与恢复

运动员经常是每天都要训练,接近比赛时甚至一天训练两次,参加比赛也经常需要一天连续出赛两三次,其中包括预赛、准决赛和决赛。例如,田径和游泳,或是在短短数天中每天连续出赛。例如,篮球,这时运动后的营养补充就变得非常重要,对于下次练习的成效或是比赛的结果有绝对的影响。对于运动员而言，运动后的恢复不应该是顺其自然，而应该是主动积极地补充运动所消耗的能量和营养，为紧接的比赛或训练做好准备。

7. 运动后的营养补充

第一方面：补充因流汗而损失的水分和电解质。

第二方面：补充运动中消耗的肝糖。

第三方面：修复受伤的肌肉和组织。

8. 运动后不能立即洗澡

这样会导致心脏和脑部供血不足，以致头晕眼花、浑身无力，还会由于身上的乳酸过多的积累使全身酸痛。

二、准备活动与整理活动

（一）准备活动的作用及目的

准备活动是身体迅速进入体育状态的手段，它对运动系统、内脏系统和神经系统等都有着十分重要的作用。准备活动对运动系统的作用集中表现在对肌肉、韧带和关节的影响上。对内脏系统最大的作用就在于提高基础代谢率和体温，使体内血液重新分配，克服内脏系统的"机能惰性"，使心肺功能水平满足身体对氧的需要，保障教学、训练正常完成。而对神经系统的作用表现在通过身体的一系列活动，使人的大脑反应速度提高、动作反射时间缩短、身体协调性改善、神经传导速度加快，有效地防止因动作协调性差而引起的肌肉韧带拉伤。人体从安静状态进入剧烈的运动，需要有一定的适应过程。

准备活动能使身体发热，加强呼吸和血液循环的能力，降低肌肉韧带的黏滞性、增强其弹性和伸展性，使关节的活动幅度加大，从而有效避免因提高运动强度所造成的运动损伤。充分做好准备活动不仅能提高中枢神经系统的兴奋性和神经系统对肌肉的协调指挥的能力，还有利于各器官之间的协调配合和提高运动器官的工作能力。准备活动还能通过各种各样的形式来调动学生心理活动的积极性，从而达到集中学生注意力于课堂的目的。准备活动既可以为基本教学做好生理上的准备，有效避免运动损伤的发生,还可以集中学生的注意力,做好心理上的准备。

1.做准备活动,可使体温和肌肉温度升高,导致酶的活性增高,使肌肉的代谢能力得到加强。肌肉的温度升高,还可以使肌肉的血流量增加,使肌肉获得更多的氧。体温升高,还可以使肌肉的黏滞性下降,提高肌肉的收缩和放松的速度。肌腱、韧带等的伸展性和弹性由于温度升高也随之增大,对预防运动性损伤有很大的益处。

2.通过做准备活动,可提高中枢神经系统的兴奋性,加强各系统、器官的机能活动。提高循环、呼吸等器官的机能活动,更有利于克服内脏器官机能的生理惰性,从生理上、心理上为运动员训练或比赛做好准备而更快地进入工作状态。

3.准备活动的第三个好处是复习技术动作。在进行正式训练或比赛之前,通过做准备活动,复习某些动作,再次加强大脑皮层中运动技能的形成的暂时性联系,有利于更好地完成训练或比赛中要做的动作。专门性准备活动的这一作用显得更为突出、明显。

综上所述,准备活动和整理活动是体育课、训练、比赛前后所进行的各种身体练习及放松活动,其目的在于使运动负荷能科学地按照人体工作活动能力变化的常态曲线生理机能活动规律上升、稳定、下降的轨迹发展,以达到增强体质、提高运动技术水平的目的。我们在体育锻炼时一定要重视准备和整理活动。

（二）放松整理活动的目的

1.改善心理性活动的紧张状态和激动的情绪

学生在进行剧烈运动时,呼吸及心血管系统的活动保持在较高的水平。肌肉处于紧张的收缩状态,适时地采取有效的放松整理,通过神经系统的调解作用,能有效改善血液循环,使机体逐渐恢复至相对的平静状态。

2.促进运动后氧债的偿还

课上由于肌肉的剧烈活动,因而需氧量较高,如果机体不能满足肌肉对氧的需要量,能量物质的氧化不彻底就会产生乳酸,导致血乳酸浓度升高,即可出现课后肌肉酸胀、疼痛与疲劳现象,放松整理能加速血液中氧债的偿还及代谢产物的运输,使血乳酸的消除速度提高两倍,减轻肌肉的不良反应。

3. 避免由于局部血液循环不良影响正常的生理代谢

教学中往往因复习某一技术动作,局部肌肉关节骨骼受力较重,出现机体反应部位血液循环加快,代谢增强的现象,若不很好地放松,将会导致单侧或局部肢体发展使整个身体的发展失去均衡。

4. 恢复和提高肌纤维的弹性

肌肉受力后,肌纤维收缩,肌小节的粗丝和细丝相互滑动,肌小节缩短,肌肉感觉紧、硬、胀、酸、疼。如果收缩的强度大、时间长还会产生肌痉挛,肌纤维收缩后即会出现舒张。肌肉的舒张,如果经常不充分,肌纤维的弹性就会下降。运动后很好的放松,可使收缩的肌肉舒张得更充分,产生更大的爆发力,更有利于运动能力的提高。

放松整理活动的作用如下。

1. 缓解心脏缺血

完成基本的教学内容后,学生在学习动作时身体力量消耗很多,会出现不同程度的身心疲劳。特别是在大强度、大运动量的练习后,人体的大部分血液分布在四肢、大脑,而心脏严重缺血,这时突然停止运动就会使静脉血回流困难,破坏正常的血液循环,造成头晕、恶心,严重时还会产生呕吐。在夏天时还会造成重力性休克。这些现象在田径、球类的教学训练中尤为普遍。因此,在运动过后做一些轻微的整理活动,能帮助肌体的静脉血回流与心脏血正常输出,消除不良感觉。

2. 补充氧气

事实上,运动对身体所引起的生理变化,并不是随着运动的停止而立即消失的。运动时人的机体经常是在缺氧的情况下坚持工作,无论呼吸怎样加强,都不能满足运动时对氧的需要。这样,在运动以后内脏器官还在继续高速工作,以补偿运动时机体内缺少的氧气。如果不做整理活动而突然处于静止状态,那么,身体的静止姿势就会妨碍强烈的呼吸动作,影响氧的补充,同时也必然会影响静脉血的回流,心脏血液的输出量也因而减少,血压必然降低,造成暂时性贫血,出现一系列不良影响,甚至出现"重力休克",因此,体育课的整理活动不是可有可无的。

3. 消除乳酸

在缺氧的情况下进行运动,肌肉中的糖原不能完全释放能量,这样就产生了大量的血乳酸。当血乳酸在血液和肌肉中堆积达到一定水平时，肌肉就会产生暂时性疲劳。怎样才能使运动中产生的乳酸在运动后尽快消除呢？有人做过这样的实验，在筋疲力尽的运动后，让一组同学做低强度的慢跑整理活动，另一组同学不做任何整理活动。结果发现，前一组同学血液中乳酸消除速度较快，而后一组同学血液中乳酸浓度保持的时间较长。

第二节　注重培养青少年的体育能力

一、体育能力

体育是学校教育的组成部分，学校体育又是学生终身体育的基础，运动兴趣的培养以及运动能力与参与意识的形成是促进学生学习和终身坚持锻炼的前提，本节旨在研究激发和保持学生的运动兴趣的方式，使学生更自觉积极地进行体育锻炼。

在全面贯彻教育方针，落实素质教育，以提高学生身心素质为根本宗旨的今天，如何体现学生的主体地位，充分发挥学生的学习积极性和学习潜能，提高学生终身体育意识，是 21 世纪我国学校体育发展的趋势。所以，学校体育和教师必然要主动地适应社会变化的这种要求。高校大学生体育能力水平的高低，集中体现了大学体育课程的质量。在高校体育教学过程中，突破单纯运动技术的教学，加强培养学生的体育能力，是适应现代社会进步的需要，迫切要求提高每个大学生的身体素质和养成体育锻炼的自觉能力。这些能力主要包括每个人对自己的身体能够自行培育，锻炼和养护的能力，并形成一种长期锻炼的习惯。如何培养大学生的这种体育能力，使他们在课下也能够进行健康的体育锻炼，养成经常自觉进行体育锻炼的意识，是所有高等院校在教育改革中应该重视的问题，同时也是教育发展的一个大趋势。

（一）什么是体育能力

体育能力是一种特殊能力，它是由知识、技术、技能和智力构成的一种个性身心品质的综合体。这一综合体，在体育运动中表现出来，就是在顺利地、成功地完成一系列体育活动的实践中,逐步形成和提高的。从事的体育活动越多样,掌握的知识越丰富,体育能力发展就越全面;体育技能的训练越复杂,体育能力就越能提高。立足于现实,着眼终生,依据体育发展身体,增强体质这一本质特征;制定出如下构成体育运动能力的六种基本成分。

1. 身体锻炼能力。

2. 运动能力。

3. 开拓创新能力。

4. 组织管理能力。

5. 保健能力。

6. 运用体育环境和条件的能力。

（二）体育锻炼培养身体能力

这是指人在社会生活中,在掌握一定的体育知识、技术和技能的前提下,所获得的从事各种运动的本领。运动能力是反映体育运动总体特征的一种能力,是锻炼身体和参加劳动、军事活动及各种文化活动的基础。培养大学生的运动能力,应贯穿体育课程的始末,在教学中应考虑以下内容。

1. 不断地改进体育课的教学方法,实施教学方法的多元化。切忌"满堂灌",多给学生练习的时间,同时也要避免运动教学走过场或只重学生技术,而不顾学生实际锻炼的情况,这几种教学方法都不利于提高运动能力。体育教学是教师和学生为实现体育教学目标采用的教学活动方式和手段的总称。在体育教学中,传统的体育教学方法有很多,如发现法、探究法、范例教学法、问题教学法、自主学习教学法等。但随着现代化多媒体教学逐渐渗透到各学科里,多媒体也引进到体育教学的课堂,体育教学方法的改革也随着教学教育现代发展而紧跟时代不断地推陈出新,它的科技含金量不断地增加。如教师在一节课中交替使用讲解示范,将预先录制好的示范动作切到多媒体平台进行讲评,可以对容易出现的错误进行演示,甚至可以用录像的方法把学生练习的动作录下来进行讲评。这样,体育教学方法的合理交叉使用,呈现出多样性。又如,现代多媒体的体育教学方法是由多种因素构成的,它是用光、声、音像等多种手段取代传统的言传身教的教学方法,作为体育科目,特别在室内课、理论课上,教师可将更多最近发生的体育事件更直观地搬上讲台。如申奥、奥运知识、我国足球出线等体育信息、知识及时传播给学生,充分体现现代技术教学手段的应用,发挥其整体功能。因此,丰富的教学方法是教师培养、激发学生参加体育锻炼所采取的手段,使学生将被动锻炼变为主动锻炼,从而获取更多的体育知识、技术技能的全过程,使他们从小喜欢体育,乐于体育锻炼。

2. 要创造良好的运动环境提供足够的体育设施,使每个学生有条件、有兴趣、有可能参加运动的机会,以发展他们的运动能力。

3. 学生要主动、积极地参加运动,这对提高运动能力具有重要作用。在教学过程中,学生在做练习时,教师应及时进行指导,多给予鼓励,尽量避免学生站在运动场上而不积极主动地参与运动。

(三)培养学生自我身体锻炼的能力

培养学生的自我锻炼能力,是学校体育教学的重要内容之一,也是养成与掌握终身体育锻炼的意识、习惯和能力。随着我国政治和体育的社会化、终身化及经济的不断发展,有越来越多的人自觉地、经常地进行身体锻炼,这就给高校体育教育提出培养大学生独立进行体育锻炼能力的问题,使他们毕业走上社会后,能够更好地进行自我身体锻炼,并充当家庭和社会的指导者。为此,就必须在大学体育中加强对他们身体锻炼能力的培养,这不仅与大学生本人有关,也关系增强中华民族体质和提高中华民族文化素养的大事。大学生的身体锻炼能力,是指学生能运用所学的科学锻炼的理论和方法,结合环境和自身条件加以创新,培养成独立地进行体育锻炼的能力。自我锻炼能力如何与常规教学有机地结合在一起呢?

教师在课堂教学中,除了技术教学外,要着重培养学生的认识能力,使学生真正懂得体育锻炼的意义、作用和有关的体育知识,充分激励学生的学习动机,发挥学生的主观能动性,调动学生的运动兴趣,促进学生锻炼的积极性、自觉性。与此同时,在体育教学中要特别培养学生能在独立锻炼过程中,对练习的次数、运动时间、运动强度、动作的自我纠正等有较好的自我调控能力,主动积极地锻炼,从而使学生自我锻炼成为自己的自主活动,身心在不知不觉中得到发展,这对以后学生的终身体育打下良好的基础,使学生终身受益。这也符合现阶段"体育与健康"所提倡的:学生能够掌握体育与健康的基本知识和运动技能，学会学习体育的基本方法，形成终身锻炼的意识和习惯，选择自己喜爱的体育项目，体验锻炼身体的乐趣，从而提高对体育的关心、意欲、态度和兴趣，拥有健康的体魄。体育锻炼应该从以下几个方面去抓。

1. 自学：培养学生明确体育锻炼的意义，学习有关体育知识和方法，能够结合环境和自身条件，制订锻炼计划和方法，坚持经常持久地锻炼，并养成良好的锻炼习惯。

2. 自炼：即能把所学到的体育知识、技术和方法，综合运用到体育锻炼实践中去，使自炼活动成为日常生活、学习中不可缺少的一部分。

3. 自调：即学生在身体锻炼的活动中，能够根据自己的身体条件、健康水平，掌握和合理安排运动负荷，运动强度及运动的时间，并能进行自我调节。

4. 自控：指执行锻炼计划的自我控制能力，即在身体锻炼效果自我评价基础上不断地修正并实施锻炼计划的能力。其中，培养自学能力是主要的，但是，不可忽视各要素之间相互联系、相互制约、互为补充的关系，在教学中必须有意识地进行全面培养。

（四）开拓创新能力的培养

发展学生个性与提高学生的心理素质，对培养学生开拓创新思想和能力有着极其密切的关系。在体育的教学活动中，学生是主体，在较广阔的领域中学习技术、技能，进行各种身体活动、游戏竞赛通过人与人的频繁交往，人的兴趣、性格和气质等个性心理特征较容易表现出来，这对培养和发展良好的个性心理是有利的。在强调培养和提高学生个性心理素质的同时，学校的体育活动与竞赛应广泛开展，培养广大学生的参与、拼搏、进取精神，使他们成为对社会有用的人才。

（五）组织和管理能力的培养

组织管理能力是指在组织群体活动时，能使每个成员为一个共同目标奋斗，按照明确的计划，充分发挥每个人的积极性，并达到预期目的的能力。有许多的运动项目是集体进行的，集体活动都有一定的组织形式，在体育教学过程中，既要训练学生在运动中与同伴协调合作，加强纪律观念，又要训练学生学会做体育活动的组织与管理工作，要使学生有组织管理的知识和意识，同时具备相应能力。为了培养学生的组织管理能力,在体育课和课外体育活动中的一些组织管理事务,在尽可能的情况下,让他们自己去做。与此同时,尽可能地让学生承担校办运动会的各项工作事务,教师可在一旁指导,这样,可以使他们能更快地适应未来工作的发展需要。

（六）保健能力的培养

学生的自我保健能力的培养,是体育教学中的一项任务,也是增强体质的需要,同时也充分反映了一个国家和民族文化教养的程度和社会的良好风尚。每个人都应该有讲究卫生自我保健的行为和习惯,为此,教学中必须做到以下几点。

1.教师必须做学生的表率,同时要认真地传授给学生卫生保健的知识,还要训练学生养成讲卫生的习惯。

2.要使学生自己能运用所学的知识,掌握和控制运动量、运动负荷,防止在教学中产生伤害事故,同时还必须培养和提高学生在做练习时的自我保护的能力。

3.要注意运动场地的环境卫生,创造良好的环境,以利于学生进行体育锻炼。

（七）教师素质的自我提高

作为一名体育教师,无论其身体素质怎么好,技术有多么全面、他都不可能十八般武艺样样精通,必须有其自己的专长。教师在体育教学过程中经常会遇到这样一个问题,就是学生各有各的兴趣和爱好是多种多样的。如:有的学生喜欢篮球;有的学生喜欢乒乓球;有的学生喜欢踢毽子;有的学生喜欢看各种体育比赛项目,但又看不懂等一系列问题。这样,体育老师的素质高低就很关键,有些运动项目是自己的专长,就很容易教授,有些项目是自己的弱项,就很难做到。因此,体育教师要充分认识到:作为体育教师,必须具有较全面的专业知识和技能,不断地提高自我的知识面,才不会出现尴尬的场面,教学过程也得心应手,并能赢得学生的信任、欢迎。

体育教师还要跟随时代的不断地发展。随着多媒体、网络信息化进入课堂,体育教师应不断地自我进修,学习信息技术,才能不落后于时代。要有创新能力,对自己的创造有清醒的认识,并加以开发,在体育教学过程中应表现出创造的天赋和好奇心,使体育教学常教常新,具有较强的科研意识,能把最新的体育信息传授给学生,使学生感受到体育的氛围、产生浓厚的兴趣。这样,对学生的终身体育意识的养成将起到潜移默化的促进作用。

（八）培养学生的体育能力

自开设体育课程以来，体育活动课逐渐成为体育课程改革的一个热点。由于我们对体育活动课程的性质、目标、内容、方法、评价等一系列的问题知之不多，因而，在实践中带有一定的盲目性。体育活动课程与学科课程是体育课程的两种不同形态，它们都服务于体育课程的整体目标。但体育活动课程作为一种课程形态，还有其自身的特征。从目标和作用来看，体育课应着眼于培养和发展每一个学生的基本、必要的能力，深化体育教学改革、探讨快乐教学、全面实施素质教育，为学生终身体育奠定基础。在教学过程中，应突出培养学生的体育能力。在课程目标和编制原理上，学科课程是以传授体育文化，即体育学科的系统知识、技术、原理为目标，它主要依据学科知识体系的内在逻辑关系，强调知识的系统性和连续性，将学生的思维和认识活动纳入系统学科的轨道。体育课的目标在于使学生获得活动的主体意识、行为能力、情感态度的综合发展。因此，体育活动课程不应以体育学科的知识原理为中心，而是以学生的心理水平、学习兴趣、社会生活为基础设计内容。在教学过程及活动的设计上，学科课程以课堂传授型为主，所关注的是教师如何才能使学生尽快地掌握体育知识和技能。进一步来说，是以亲身实践的体验性学习为主，使学生在实践中学习和运用技术，发现问题和解决问题，强调理论与实践的结合。学生的亲身练习体验易于实现其认识的内化，有利于人的认知、情感、行为的统一和协调发展。在体育课程中教师占主导地位，学生为主体。学生的主体地位体现在他们不是被动地练习和接受知识，而是主动地学习和运用知识，注重学生的自我组织和互相启发，充分发挥学生自身的探索和创造精神。体育课中学生既是学习者也是体育活动的组织者，教师的作用主要是向学生提供必要的指导和建议，师生之间指导与被指导的单向交流被教师与学生、学生与学生之间的多向交流所取代。

体育学科是素质教育的一个重要组成部分，应通过体育学习使学生在"看、听、想、练"的过程中来增强身体素质，增强体育学习能力、运动能力、自我锻炼能力、交际能力、自我评价能力、适应能力，提高学生思想品德、心理承受力，等等。

1.注重培养学生的体育学习能力。

上好体育课要着眼于提高学生的身体素质，同时注重培养学生体育学习的能力。

例如，对于新知识的教学，体育教师在教学中通过自身的正确示范、讲解，指导学生基本看懂新课的教学内容，并能让学生正确地用自己的身体去模仿练习，使之能正确、规范地完成规定动作和每节课的任务；能顺利地用语言、动作表达出自己对新知识的观点和主张，并能在身体练习中创新技术动作。这些体育学习能力的取得，需要体育教师坚持不懈地培养。一旦学生掌握并具有这些体育能力，体育教师会发现上起课来得心应手，学生会越学越轻松、越自如，从而进一步提高学生体育学习的能力。

2.注重培养学生的体育运动能力。

在课堂教学中应培养学生良好的体育运动习惯，增强他们加强体育运动能力的意识。要做到这一点，体育教师要不断地采用重复练习、变换练习、循环练习的教学方式，一般采用变换身体练习的基本要素，如身体练习的组合或进行练习时的外部环境、运动负荷、器械的高度和重量。为学生营造良好的练习环境。例如，在教学工程中，积极采用体育游戏法，体育教师组织学生按一定规则进行的一种有象征内容和情节的综合性身体练习方法。运用这一方法有利于提高学生对体育运动学习的兴趣，启发学生的积极思维，增强练习效果；在游戏中让学生掌握跑、跳、投等运动能力。

3.注重培养学生的自我锻炼能力。

培养学生进行力量、速度、耐力、灵敏、柔韧等多方面自我的锻炼能力。在课堂教学中，让学生反复练习某一种动作并不意味着练习次数越多越好，多练固然可使学生更好地识记和保持，但效果不是随着练习的次数增加而增强，所以，不能盲目练习，增加学生的练习负担。为提高锻炼效率，练习的次数要适当，避免学生重苦练、轻技巧的做法，实践研究证明，练习的效果不理想，有时甚至会起反作用。在一定的教学规律中，一定要让学生将苦练和技巧相结合，如此才能达到体育锻炼的目的与要求。在体育教学过程中提高学生对体育项目的兴趣，培养学生自我锻炼的能力，这是改变体育教学"高耗低效"现象的关键因素，同时也能促进素质教育的落实。

4.注重培养学生的交际能力。

一个只会啃书本而没有自己个性的学生是很难找到自己的社会交际活动范围

的。只有不断地扩大知识面,有专门的爱好,才能获得社交活动的主动性;同时广泛交际,还能让兴趣爱好持久地发展下去,成为自己某方面的特长。体育教师同全体学生进行交流,师生之间就有了双向反馈,也就有了相互调整、改进教学的机会,并鼓励学生之间进行充分交流。这时,不仅师生之间,而且学生之间也可以互相学习,效果较好。体育教师在集体中是个参加者,鼓励在集体中的所有学生积极交往,学生在集体中打开了更多的交际渠道,所以,交际效果最好。

5. 注重培养学生的自我评价能力。

在体育教学过程中,通过学生自我评价,让学生了解自己学习的结果,其中包括动作练习的正误、学习成绩、练习达标合格的好坏,应用所学知识的正误、动作的成效等。知道体育教师对自己学习的评价、学生对自己的评价,这有助于提高学生学习热情,增强努力程度,激发学习动机,增进学习效率;同时又能看到自己的不足,激发上进心,克服缺点,改正错误。

6. 注重培养学生的适应能力。

学生通过真挚的交往,使各自的情感逐渐走向成熟的同时,道德品质的成熟也接踵而来。例如,踢足球有利于培养学生良好的道德感、乐观开朗的生活态度,进而有利于培养凝聚力和促进学生的身心健康。总之,善于交往的学生,一般都能较好地处理人与人之间的关系,即使在人际关系上碰到不顺心的事,有怨气,也会向朋友倾诉,从而减轻消除由于心理紧张带来的压抑,使心理处于平衡,以保证心理健康。体育课上的活动是社会交流、娱乐、情绪调节的一剂良方,是一种丰富的精神生活,也符合审美的需要。

(九)教学方法

长期以来,由于受应试教育思想的制约,体育教学中往往忽略了学生能力的培养和个性发展。对此,笔者经过几年的尝试,采用下面几种方法教学来加强学生能力的培养,取得了较好的效果。

1. 带领法。

学生轮流带领进行准备活动。

每次课前准备活动,由学生轮流组织,要求主持者开动脑筋,其内容尽可能不与前面重复。准备活动完毕，教师简短讲评。这种形式使每个学生都能够课余认真准备，组织形式多样：有集体、有分组、有原地，也有行进间练习；内容丰富多彩：有队列队形练习、身体姿态练习、游戏、韵律操。短短10分钟，学生不仅把所学的知识运用于实践，而且善于思考、勇于创新，每个学生都可以充分展示自己，珍惜这一锻炼机会，从而达到培养学生自主学习、积极思维的能力的目的。

2. 抓骨干。

充分发挥体育骨干的作用，课前把本课的内容、方法教给他们，通过他们带领全班或全组进行练习，练习时教师巡回指导，这种方法可以培养学生的领导才干和独立工作能力。

3. 发现式教学法。

发现式教学，由教师提供线索，引导学生以集体协作的形式去发现问题和解决问题。例如，组织者出题目、要求，各小组做"蜻蜓点水款款飞"动作，或提问："双人配合，两腿不招地，两只手在地上可做什么动作？"各组学生往往按要求讨论，在规定时间内做出相应动作，最后教师讲评。也可以用程序教学，这种方法可以设置若干个"小框"，并按一定的逻辑顺序（如难易程度）排列起来，针对每个"小框"提出问题（动作规格要求或定量标准），要求学生做出解答或选择，然后由教师和学生做客观评价，并进行"改正"和练习。例如，鱼跃前滚翻的程序教学，现将其学习分为四个"小框"，前滚翻—远程前滚翻—越障碍前滚翻—鱼跃前滚翻，学生经过第一框学习达到该框练习的技术规格要求后，即可进入第二框学习新内容。若未达到该框要求，就要退到原"小框"继续学习。程序教学的主要特点是以学习者个人为中心，根据自己的条件，选用适宜的速度向自己的目标努力，通过程序教学可以发展学生冷静、自制、稳重、认真的个性。而且各"小框"要求是按逻辑顺序排列的，它们之间存在技能的积极迁移关系，学习通过思考可运用已学到的知识和技能来进一步学习，掌握新的知识技能，达到举一反三的效果，有利于学生的发展。

第三节　完善体育教育机制

一、体育改革

（一）学校改革

社会在发展，我们的体育教育也在不断地改革、发展之中。现行新课改的课程标准中，较大幅度地增加了体育课时，重视体育教学，延长课间操时间，更多地推广课间体育活动，建立学生体质健康监测与公告制度，将体育测试作为学生毕业的重要科目等，这些措施无疑对学生的身体健康和体育素质的提高意义深远。然而，在实际教学过程中，体育课的安排及教学内容仍存在着许多与新课程标准要求不相适应的问题。学校教育改革要注意做到以下几点。

1.学校体育教学要多样化

各级教育工作者都知道，在体育教学新理念中，体育教育活动课的安排应以培养学生的全面发展为目的，体育活动要做到形式多样，不但要让更多的学生参与到体育活动中来，还要让学生能参与到更多的体育活动。这样，才有利于学生在体育活动锻炼的过程中，根据自己的能力选择符合自己的爱好、自己所擅长的项目进行运动，最终达到健康的功效，并能实现教育的目的。

为了做到人人参与，在某些体育运动中，不要设置一些不适应学生发展阶段的运动项目来强迫学生参与。新课程新理念倡导，在体育教学中可以采用多种"改革"方式去普及体育运动，使学生感到运动是一种快乐。目前在我国各地各级学校中，尤其是东西部学校，在体育基础设施方面的差异较大，西部地区的许多学校体育设施欠缺的现象还普遍存在，限制了许多体育项目的开展。

然而，作为欠发达的西部地区，由于设施不完备，该地区的学校应该因地制宜地开设一些在硬件设施方面要求不高的体育运动项目，比如乒乓球比赛、篮球比赛、田径、赛跑，等等，因地制宜地发挥教学特长。从近年来参加高考的学生来看，西部地区体育考生也是比较多的，成绩也比较理想。所以说，高中体育教学应根据学生的生理特点、运动技能以及对体育运动项目的兴趣和爱好来开设必修课、选修课，让学生根据自己的情况、爱好选择体育项目，这样才能够体现因材施教的原则，也易于激发学生的学习热情，从而能较好地完成学习任务。

2. 体育教师业务水平要不断地提高

教育教学的改革，对体育学科而言是巨大的冲击，要求体育教学水平不断地提高，教材难度也相应提高，特别是近几年来青年教师比例的不断增加，青年教师抓紧业务学习就显得尤为重要。教师如果不更新知识，提高业务水平和教学水平，就不能适应教学改革的要求。所以，我们应采取多种形式提高教师的业务素质，可根据学校教师的实际情况，有目的、有计划地派一部分教师到体育院系短期进修，也可组织教师在职学习进修，还可以报考上级学校继续深造，等等。学校可根据国家有关规定制定达标标准，以促进青年教师多学习一些理论知识、实际操作的本领，这对自身的成长和适应教学需要都大有益处。

与此同时，学校要进一步完善教育制度，要把体育教学与其他学科的教学同等看待，不能因为追求升学率而厚此薄彼，要让体育教学与其他学科的教学协调发展。也只有这样，我们才能培养出德、智、体、美综合素质都合格的人才。

3. 体育教学必须向教育化方向发展

从世界各国体育的发展来看，小学乃至大学，我们的心目中都有一个新的教育概念，那就是青少年健康成长离不开身体素质的综合发展。所以说，体育教学是素质教育的一门重要科目。然而，在实际教学过程中，有的学校及教育主管部门不重视体育教学，只重视语、数、外、理、化的发展。如此一来，体育教学就成了教育过程中的游戏性的课程。

体育教学是实施学校体育的重要环节，是全面推进素质教育、增进学生身心健康、增强学生体质、培养终身体育意识和习惯，以及培养德、智、体、美、劳全面发展的高级复合型人才的重要途径。

二、体育课程教学

（一）体育课程教学改革的指导思想

为了进一步加强体育教学工作、全面贯彻党的教育方针，促进学生身心健康发展，为社会主义事业培养合适的人才，依据中共中央国务院《关于深化教育改革全面推进素质教育的决定》（1999年）及教育部2002年发布的《全国普通高等学校体育课程教学指导纲要》的精神，各校应结合现有的体育师资和体育设施条件，努力实现"三个自主"教学（学生自主选择上课时间、自主选择上课内容、自主选择任课教师）的精神，以实现运动参与、运动技能、身体健康、心理健康及社会适应五个领域的基本目标和发展目标，充分体现"教育为本，健康第一"的指导思想，倡导全开发式教学模式，针对学生的基础差异采用分层教学，营造出生动活泼、主动学习的氛围，深化体育课教学改革。

（二）课程性质

1.体育课程是大学生以身体练习为主要手段，通过合理的体育教育和科学的体育锻炼过程，以达到增强体质、增进健康和提高体育素养为主要目的的公共必修课程。

2.体育课程是学校课程体系的重要组成部分，是实施素质教育和培养全面发展人才的重要途径。

（三）课程目标

1.运动参与目标：积极参与各种体育活动并基本形成自觉锻炼的习惯，基本形成终身体育的意识，具有一定的体育文化欣赏能力，能独立制定适用于自身需要的健身运动处方。

2.运动技能目标：熟练掌握两项以上健身运动的基本方法和技能，能科学地进行体育锻炼，提高自己的运动能力，能参加小型群体性的运动竞赛。

3.身体健康目标：能测试和评价体质健康状况，掌握有效提高身体素质、全面发展体能的知识和方法，养成良好的行为习惯，形成健康的生活方式。

4.心理健康目标：根据自己的能力制定体育学习目标；自觉通过体育活动改善

心理状态、克服心理障碍,养成积极乐观的生活态度;在运动中体验运动的乐趣和成功的感觉。

5.社会适应目标:表现出良好的体育道德和合作精神;正确处理竞争与合作的关系。

三、教学管理

第一学期,基础体育课按行政班级授课。

第二学期,采用1+1体育俱乐部课程形式,将每周两学时的体育课拆成一节以传统模式教学、另一节以课外俱乐部形式完成。具体方法为:以两周为一个单位,一周的体育课按传统的分班模式进行教学,另外一周的课时分散到每周的课外活动时间进行。

凡在第二学期体育教学考核中获得75分(含75分)以上的学生可以在第三、四学期选择体育俱乐部教学形式,即自己选择上课时间、自由选择上课项目、自主选择上课教师。俱乐部教学时间均安排在周一至周五6:00—7:30、16:30—18:00和周六(全天)进行。

凡在第二学期体育教学考核或74分(含74分)以下的学生,重新组成体育保健俱乐部进行教学,完成第三、四学期的教学任务。

学生根据自身的兴趣爱好选择专项俱乐部课程,所选时间不得与其他课程发生冲突。学生选课在学校教务处教务管理系统上进行。所有专项俱乐部体育班人数在35~45人,少于40人原则上不开班,最多限定45人,一经选定,将不再做任何变动。

学生选专项俱乐部体育课后需按学校教学管理规定准时上课,严格执行考勤制度。一学期无故缺课达三次及以上者,不予评定本学期体育总成绩,到教务处办理重修体育课手续。

个别病残学生凭医院证明到军体部办理上保健课手续。

根据基础体育课和各专项俱乐部教学特点,制定相对统一的评价标准,由任课教师进行学期中的阶段性考核和学期末的总结性考核。

体育必修课考核内容主要包括以下内容。

1. 一年级上学期基础体育课考核内容如下。

男生：50 米（30%）；100 米（30%）；俯卧撑（30%）。

女生：50 米（30%）；800 米（30%）；仰卧起坐（30%）。

平时：（10%）。

2. 一年级下学期 1+1 体育俱乐部课程考核内容：专项考核和达标测试统一进行，平时（10%）、专项部分（50%）、达标测试（40%）。

3. 二年级上、下学期体育俱乐部体育课考核内容如下。

专项运动技术（50%）、平时（30%）、男 1000 米、女 800 米测试（20%）（必测项目）。

4. 二年级体育保健课考核内容：按教学大纲和考试大纲进行。

其他事项如下。

1. 学生在所选专项俱乐部规定的时间内学习与训练，如有特殊情况需要调课须经任课教师同意和军体部主任批准。

2. 学生若未取得每学期规定的体育课程成绩，不具备评选三好学生、奖学金及推荐免试研究生资格。

3. 学生取得体育课程全部成绩，毕业时视为体育合格，否则不能毕业。学生成绩以百分制进行登记，学生（3~4 学期）成绩以合格和不合格评定。

4. 如各系（院）在实习专用周与体育课程发生冲突时，为了保证正常的教学秩序，开学初由各系（院）按照实习（实训）安排情况上报军事体育部备案，以保证这类学生在实习（实训）以外合适的时间参加体育俱乐部课程学习，由体育教师负责考勤。

四、对学校体育教育改革的思考

在人类社会进入 21 世纪以后，素质教育成为当今中国乃至世界教育改革与发展的主流。何为"素质教育"？如何提高"素质教育"？这必须让每一位教育者去认真思考。处于教育与体育结合部的学校体育也面临改革浪潮的冲击，作为一名体育教师不得不思考，学校体育的"素质教育"将如何着手，才能使受教育者终身受益？下面就对学校体育的素质教育改革谈一些想法。

从学校开设体育课至今，体育对培养全面发展的人、提高全民族的素质，起到了非常积极的作用。但是，由于最初对学校开设体育课的思想、师资、设备准备不足，对体育的概念理解有偏差，加上受社会发展和文化传统的影响，学校体育的重要地位没有真正确立，体育的作用没有充分发挥。学校体育存在着应试教育的误区，表现为大中小学的普通体育课均以竞技运动成绩为教学和考核的主要依据，以运动素质代替身心素质。体育专业的师生所推崇的是运动技艺方面的一专或多能，对运动健身的原理和方法掌握甚少，很难适应现代社会对体育人才的需要。学校体育的误区主要从以下几方面体现，学校体育的改革也要从以下几方面入手。

（一）指导思想上受应试教育的束缚

由传统的重视运动结果到重视整个学校体育的教、学、练相统一的过程，是学校体育发展的一大趋势。以往的学校体育，由于学校办学指导思想不够端正，重结果不重过程，学生被束缚在"应试教育"的怪圈内，重智育轻体育，学校体育课受到一定程度的冲击，大中小学生体质的发展存在不均衡、不稳定，甚至下降的趋势，现代文明病的发病率有所上升，如心血管疾患、肥胖症、近视、神经衰弱、龋齿、营养不良、体力下降、心理缺陷等，严重影响学生健康，这或多或少受到了应试教育的影响。在我国，重竞技轻普及、重课内轻课外、重尖子轻全体的现象普遍存在。以竞技运动贯穿于中小学体育教材之中，太深、太难、脱离学生实际，难以掌握，不利于培养学生的体育兴趣，难以养成锻炼习惯，也不利于增强学生体质。一些学校的学生对以竞技运动为中心、以传授技术为主要目标的体育课和课外体育活动提不起兴趣，出现了厌学情绪。高不可攀、脱离社会需要的运动技艺和成绩成为考核学生的唯一标准。大部分学生体质的增强、健身意识的形成、健身能力的培养、健身文化的陶冶、健身习惯的养成被忽视，更影响了个性、人格、尊严、价值及社会生存和适应能力的健康成长、发展和完善。

（二）体育教学过程的本质和主要目标模糊

体育教学过程并不是直接的身体锻炼过程，体育教学不等于健身，单靠体育教学也解决不了增强体质的问题，但这并不等于体育教学与增强学生体质无关，更不意味着运动教学就是体育教学。传统的体育教学虽然是以增强学生体质为名，却在长期的实际教育中，花相当多的时间传授运动技术与技能，虽然学生在学校学习多年体育，但是毕业后却不会通过运动锻炼身体。在传统的体育教学中，只教给学生运动技术，没有教给学生锻炼身体的方法。按照增强体质这一根本目标，在体育课中，应该教给学生健身运动的知识，让学生学会独立制订健身运动计划去进行实际的锻炼，这样的体育知识才可以产生长期的效果，达到终生健体的好处。由上可知，学校体育教学的主要目标如下。

1. 使学生对体育有基本认识和积极态度，懂得健身的意义，树立终身健身的观念。

2. 掌握健身的知识和方法，能运用多种基本运动技能和健身方法进行经常锻炼。

3. 具有独立进行健身的能力和习惯。

（三）教学内容不适宜，教育组织方式方法呆板，导致学生厌学

学校体育的一个致命伤是学生学了十多年体育，在他们走出校门后，竟与体育分手了。其主要原因在于：一是所学内容繁杂且不实用，二是忽视体育兴趣与习惯的培养。传统的学校体育虽然对强身健体起着积极的促进作用，使受教育者身体素质得到发展，体质得到增强，但由于在教学上强调统一的教学过程和内容、统一的要求，使理论严谨、体系稳定，却往往忽视了受教育者的创造力与体育能力全面和真正的发展。长期以来，学校体育沿袭运动技术教学为主的传统，竞技运动一整套的项目、规则（少数人参与）和办法规范学校体育教学和课外体育活动。这些规则严密、技术要求高的项目，使体育教学严肃有余、活泼不足，天性好动的学生感到枯燥无味、望而生畏、热情下降，主动锻炼的学生有减无增，影响着学生德、智、体的全面发展，也影响着体育在素质教育中的地位和作用。因此，体育教学应增加趣味性强的项目，如健美、舞蹈、韵律体操、轮滑等，还可以根据地域性特点将民族传统体育项目如武术、毽球等纳入体育教学内容，这样就可调动学生学习的积极性，培养他们的兴趣，养成终身锻炼的习惯。

传统的学校体育是以教师、课堂、教材为中心，忽视了学生学习兴趣的培养和锻炼习惯的养成。从行为科学角度来看，兴趣是人积极探究某种事物或进行某种活动的倾向，这种倾向带有强烈的目的性，是可以培养的。体育作为一种人类特有的社会活动形式，它是一种有趣的、有益的、有效的活动。体育过程给人的欢愉体验是强

烈的，多数活动内容是能使人感兴趣的，健康的目的是人类所祈求的，较难的是形成稳定的心理特征。从兴趣的形成过程来看，只有对内容、对过程有了兴趣，才能形成稳定的心理状态，变被动体育为主动体育。受教育者对体育过程产生了兴趣，并且形成相对稳定的心理倾向，他就能充分调动主观能动性，创造性地、执着地去追求、养成体育习惯，为终身体育奠定基础，也就是说，学校体育教育培养了学生终身体育的意识。

那么，何谓终身体育？终身体育的思想是把人的一生的身体（锻炼）问题看成一个系统，把学校体育看成人一生身体发展（锻炼）的子系统。它把学校体育的视角从关注学生的当前扩展到关注学生的未来，甚至终生。这种思想对我们的教学方法、教学内容、教学组织都有一定的促进作用，它充分体现了体育教育中素质教育的雏形，也是学校体育改革的指导思想和立足点。

学校体育教学在教学方法论上，强调趣味性、情境性相结合，变"厌学"为"乐学"。兴趣是学生学习体育知识、参加体育活动、发展能力的直接动力，因此，在教材的选择、教学手段的运用、教学活动的具体安排以及教学语言的运用上都要考虑到趣味性。情境的创设可以保证良好的学习气氛，使学生在一定情境中受到美的熏陶的同时，产生潜移默化，获得知识、技能与自身发展。现代体育教学方法更多地采用综合法、示范法（如示范巡回锻炼）、实习法（创造性地培养学生自我锻炼的能力）、作业法（如利用超量恢复原理制订个人锻炼计划）等。还要采用讨论式、对话式等启发式教学方法，有利于学生独立思考，以满足学生的求知欲望。

多年以来，学校体育教学强调严密组织、严格纪律，重视教师作为学生的主导者的地位与作用，课堂教学中重视"三基"教学，忽视学生的参与，虽然也强调教学双边活动，但总被统一、规范、主导所淹没，被体育教学程式化、成人化、训练化所淹没，学生的主体作用没有得到真正发挥。因此，要突破传统体育教学模式的束缚，从体育教学的客观实际出发，变体育教学过程的被动灌输为主动学习，营造轻松、活泼、欢乐的学习氛围，让学生在快乐的学习与锻炼中，体验体育的乐趣，学会用运动锻炼身体、增强体质。在教学组织上，以"活泼、自由、愉快"为主调，主张严密的课堂纪律与生动活泼的教学氛围相结合，强调信息的多向交流与教学环境（包括物质的和人文的）的优化。要克服组织形式成人化、竞赛化的倾向，按竞技运动教材化的原则对正规竞赛按学生年龄特征进行改制，如篮球的"三人半场比赛"、足球的"三人或五人比赛"等。

学校体育教育的改革由重结果逐渐转变为重过程，就是要求从素质教育的角度出发，以终身体育为指导思想，重视学生体育习惯的养成、体育能力的培养和学生个性的发展，彻底改变过去重运动成绩轻体育能力培养所导致的"高运动成绩低健康水平"和"高运动技能低健身能力"的状况，真正开创学校体育的崭新局面。在教学思想上要变强制性为自主性，从强调学校学习期间的效益（阶段效益）逐渐跃升为追求长远效益和阶段效益相结合，从强调主导作用转化为强调主体作用为主。方法内容上则以身体锻炼为主线而非按运动的内容联系为主线，不仅教运动技术，而且教锻炼方法，即"授之以道"的做法，这样，终身体育的目标指日可待，学校体育教育的改革将向前迈进一大步。

学校体育教育要改革，在学校体育目标的确定上应做到教育目标和体育目标相结合、增强体质与促进全面发展结合、学生时代体育与社会体育及终身体育结合、体育课与课外体育结合、普及与提高结合。

随着素质教育的不断深入发展，我们应从学校体育课程特点出发，从学生身心特点出发，考虑素质教育与学校体育教育改革的历史性、渐进性和复杂性，逐步向素质教育"靠拢"，直至建立起一个以素质教育理论为指导的、全新的学校体育思想体系。

第四节　督导青少年进行锻炼

一、外界因素对青少年锻炼的影响

（一）家庭对青少年体育锻炼行为的影响

对青少年来说，他们的性格不稳定、意志力比较薄弱，其锻炼行为需要外界的干预和强化。而家庭作为社会化机构和人类生活的基本单位，在小学生体育锻炼行为的社会化进程中具有相当重要的作用。

1.锻炼行为的概念

（1）锻炼行为主要是在闲暇时间里进行的，以健康为主要目的、具有一定强度、频率和持续时间的身体活动。

（2）一个人的锻炼行为起源于他对体育锻炼的需要，需要引发锻炼动机。动机有开始的机能也有指向选择目标的机能，在一定的情境条件作用下产生锻炼行为，在锻炼实践中逐渐形成自己的体育态度和锻炼习惯，从而反过来影响行为。

2.家庭因素对体育锻炼行为（体育态度、锻炼习惯）的影响

人与人之间是相互影响和作用的，在家庭内部更是如此，因为家庭内部的人相处的时间最长，接触也最亲密。因此，家庭成员之间的行为是相互影响的，体育锻炼行为也是如此。家庭内部成员之间行为的相互影响可以分为平辈之间的相互影响，如夫妻之间、兄弟之间、姐妹之间的相互影响，以及非平辈之间的相互影响，如父子之间、母女之间、母子之间。

3.家庭成员对小学生体育锻炼行为的影响

（1）双亲的体育信念影响子女体育态度。

在一项父母对学生参加体育锻炼影响的研究中发现，凡是父母对子女有较高能力信念的，他们的孩子通常能积极参加体育活动。家庭内环境是理解家庭影响体育活动参与的激烈程度的基本核心。通过考察双亲体育信念对子女体育参与的激烈程度的影响，结果发现体育参与程度最重要的预测因素是孩子们的能力感和目标定向，但他们直接受到父母对自己的信念的影响。研究发现，如果感受到父母在运动中自我卷入水平较高，孩子在运动中便会表现出较高的自我定向和竞争焦虑特质；反之，如果感觉到父母在运动中任务卷入水平较高，他们就会表现出较高的任务定向和较低的竞争焦虑特质。

（2）双亲的体育情感影响着子女的体育锻炼行为（体育态度、锻炼习惯）。

鼓励孩子成为体育积极分子的双亲及在体育运动中有愉快感的双亲，其子女更可能参与到体育运动中，并且会认为自己具有较强的体育能力，也更容易在体育活动中获得乐趣。父母的精神支持对孩子体育锻炼的作用主要表现在以下几点。

激励作用，父母对体育锻炼寄予期望，能促进孩子朝着父母所期盼的目标发展，

激励其体育锻炼需要和兴趣的产生。

转化作用,父母的支持可激发孩子的体育锻炼潜在的能力,使其在体育锻炼过程中体能和智能得以充分发挥,促进其体育需求逐渐向体育锻炼行为的转化。

父母的能力信念,即父母对子女有能力完成体育活动的一种信心,是影响青少年体育活动动机和行为的重要因素。社会认知理论认为,父母的行为可以影响孩子的认知发展。父母的锻炼行为对孩子的锻炼兴趣、需要、态度等心理因素均会产生较大影响。父母从事体育锻炼可以让孩子更加认识到体育活动的重要性。父母的参与在起到榜样、带动、激励和教育作用的同时,还能创造良好的锻炼氛围,从而提高学生锻炼的兴趣,其直接帮助能让孩子的锻炼行为变得更加积极。

研究发现,在受教育程度由低到高的进程中,体育锻炼在达到增强人的身体健康,改善人的精神状态和增进人们的社会交往等现代健康观念指标上,也呈现出逐渐增高的趋势。即受教育程度影响着人们的健康意识、态度和参与体育锻炼的程度,且高学历的学生家长,对中小学生体育锻炼动机的培养比其他学历家长具有明显的促进作用。知识分子人群对健康的重视程度明显好于其他人群,体育人口率和学历基本呈正相关关系,也就是受教育程度越高的人群,其体育人口的比率越高。

(3)双亲或兄弟姐妹的体育行为影响着中小学生的体育锻炼习惯。

经过长达12年的追踪研究发现,子女参与运动的坚持性与其父母参与体育活动的频率有密切关系,经常参与体育活动的父母,其子女也会长期参与运动;父母参与体育活动的状况还可作为其子女体育运动参与程度的预测因素,并且早期的社会体育化经验可能影响个体终身参与体育的情况。父母年轻时体育经历越丰富,家庭中兄弟姐妹的体育行为越多,小时候与父母或兄弟姐妹共同参与体育的行为越多,学生的体育参与行为也越多。

(4)家庭成员影响青少年体育锻炼习惯中的性别角色模式。

子女的体育性别角色社会化受父母与性别相关的行为的影响,性别差异主要体现在自我知觉和任务价值观上。在运动中女孩会感到自己的运动能力更低,她们更不看重运动,对运动中好的表现、体育活动的快乐感、运动的有效性看得更低。母亲更看重身体健康、心理健康、体重控制和乐趣,父亲更看重能力,这些差异会相应地导致子女体育参与中目标定向的性别差异。快乐感的获得也具有性别差异，男孩在体育活动中因努力而感到快乐，他们更能知觉到自己的能力且期望更好的同伴关系，而女孩则因宜人的同伴关系而获得快乐。

4.家庭情况对学生体育锻炼行为的影响

家庭经济因素影响小学生的体育锻炼行为。据相关报道，家庭所属社会阶层与体育参与密切相关，社会经济状况优越的家庭体育参与程度也趋向于高水平。国内研究表明，家庭经济状况是影响中学生、学龄前儿童体育锻炼的重要因素；收入偏高或偏低的家长对子女参加田径训练的反对率较低，收入持中的家庭反对率较高。

（二）学校督促青少年体育锻炼

健康是人生的基石，健康的身心是学生学习和生活的基石，而体育锻炼是促进学生身心健康的一种重要手段。中学生正处在身体发育的关键时期，生理和心理都在发生显著的变化。因此，教师积极地引导学生参与体育活动，对于促进他们的生长发育，增进他们的身心健康具有重要作用。但由于各种原因，很多中学生还没有真正懂得体育锻炼对自己健康的作用和养成体育锻炼的习惯，甚至还有的学生厌恶体育锻炼。那么，怎样才能让他们自觉地投身到体育锻炼中去，并养成积极的、良好的体育锻炼习惯呢？体育教师应关注对中学生体育锻炼意识的培养。

我国著名教育家叶圣陶先生说："不养成习惯的习惯养成不得。"[1] 习惯的养成一定有其形成的过程，要使学生养成良好体育锻炼的习惯。作为体育教师，必须要引导学生进入养成这个习惯的过程之中，在这个过程中不断地强化巩固，逐步养成学生良好的体育锻炼习惯。例如，初中生对体育活动有一定的基础，他们在活动中逐渐由喜欢而养成习惯，不自觉地锻炼，到达一定的程度，他们就会对某一项活动形成一定的基础，从而形成自己的初步特长。在上体育课时，他就会根据自己的要求去选择该项目的活动：有的学生喜欢篮球，有的学生喜欢体育中的技巧，有的学生喜欢体育舞蹈，有的学生喜欢时尚的体育活动。这些，无疑会对他们以后的锻炼习惯打下坚实基础。

---

[1] 叶圣陶.教育就是养成习惯［M］.北京：万卷出版有限责任公司，2022.

二、培养学生体育锻炼的具体策略

（一）运用效应激发学生的体育锻炼兴趣

1. 兴趣和情景效应。学生的认识兴趣是学习动机中最现实、最活跃的成分，一堂体育课中如果有了充满情趣的导入或精彩的情景，就能增加其锻炼的吸引力，他们锻炼的内驱动力就会被激发出来，引起学生积极的情绪体验，并投身到体育锻炼中且乐此不疲。

2. 偶像的力量效应。凡是喜欢锻炼的学生，他们参加某项运动都有一个内心的驱动力，即有一个运动的偶像。如喜欢篮球的学生爱看 NBA 比赛，羡慕比赛中明星的精彩表现，崇拜姚明等；喜欢足球的学生崇拜卡卡等。他们由喜欢而去花大量的时间模仿偶像的动作，或把自己身边的人作为自己的偶像，想着和偶像缩小差距，和他们亲密接触，于是就积极地去锻炼。教师可以利用这种偶像崇拜的驱动力量组织学生多看体育比赛等，使学生心目中产生自己的偶像，并以榜样为锻炼的目标，从而激发起他们锻炼的兴趣，积极参与体育锻炼。

3. 体态和语言激励法。在体育锻炼过程中运用各种形式的语言指导学生进行锻炼，以达到锻炼的目的并养成锻炼的习惯。比如，可用讲解的方法对还没有掌握锻炼要领的同学进行指导，并用"你行""有进步""太好了""你太棒了"之类的话语对在锻炼中出现动作错误而失去信心的同学进行鼓励，帮助他们坚定信心。

4. 合作锻炼、激发兴趣。根据"组内异质、组间同质"的原则，根据男女性别、个别差异、能力强弱、身体素质差异等状况将学生进行分组锻炼，充分利用组内学生的差异性和互补性，实现集体的目标，以此来促进学生体育锻炼的积极性，并最终养成良好的体育锻炼习惯。

（二）让学生参与到各项体育比赛中

学生所学的体育知识要运用到实际的比赛中，在比赛中掌握运动技能，提高各种身体素质，并在比赛中自由发挥，尽情表现自己的个性，更能培养合作意识，增进友谊，并体验运动的乐趣和艰辛以及体会获胜的喜悦，提高学生对体育锻炼的爱好，吸引更多的学生参加到锻炼中去，增强运动的兴趣。

1. 根据学校的具体情况，因地制宜地多开展一些丰富多彩的群众性竞赛。学校的体育竞赛是学校体育的重要组成部分，每学期都要根据学校的实际情况举行三项以上的学校级体育竞赛。但值得注意的是，这种竞赛要关注全体学生，让全体学生都有参加的机会。在设计比赛时，要考虑不同层次的学生，以适应个体差别的需要。更重要的是让大部分中等生与后进生产生对体育的兴趣，从而让他们积极地参与到体育活动中。

2. 设立学校传统体育竞赛项目，如篮球比赛、乒乓球比赛等，学生可根据自己的兴趣和体育基础以及自己的个性和身体情况来选择项目参赛，这样以传统项目为龙头带动学校体育运动的开展，能使学生养成良好的锻炼习惯。

（三）加强学生课外体育活动的指导

首先，要保证学生每天的课外体育活动的时间，要充分利用早上、下午课后等时间段，这样学生锻炼才能有计划、有安排、系统地完成。其次，在课外体育活动中，让学生都参加自己喜爱的运动项目，相互学习、相互促进，不断地研究、探索、创新，在运动中探索发现，使学生对参加体育运动的欲望更强烈，也容易使学生体会到成功的喜悦，进而养成良好的体育锻炼习惯。

（四）实行"目标自定，自主发展"的模式，体现快乐体育的教学思想

在学生体育锻炼活动中，要从学生的实际出发，让学生合理选择并参与体育活动，学生就能体验到成功，进而得到自信，更乐意养成锻炼的习惯。

（五）充分发挥教师的指导作用

教师一定要充分利用自己所学的知识，正确把握教学的关系，科学合理地选择教学方法，面向每一位学生，根据实际情况制订计划，使学生每次在锻炼后都有新的发现、新的收获，激发学生继续锻炼的兴趣，从而为终身体育锻炼打下良好的基础。

三、自我监督

（一）自我监督的目的和意义

自我监督又称为自我检查，就是运动者在体育锻炼过程中，对自己的健康状态和生理功能变化做连续观察，并定期记录于锻炼日记中，供本人、指导者和医师参考。

其目的在于评价锻炼效果，调整锻炼计划，防止过度疲劳和运动性损伤发生，更有利于健康水平的提高。因此其是运动医务监督的一个补充方法，是指导者和医师作为掌握和评价运动者情况的一项依据。经常地自我监督对于增进信心、坚持科学锻炼，防止过量或不足，对提高锻炼效果和养成运动卫生习惯等都有重要意义。指导者和医师应经常检查自我监督记录表，必要时必须进行重点检查，采取相应的措施。

（二）自我监督的内容和方法

自我监督的内容包括主观感觉和客观检查，可依据自我监督表的内容进行实施和观察。

1. 运动心情，即运动欲望。正常是精神饱满、精力充沛、自信心强。如情绪低落、心情不佳，则厌烦运动，甚至怕练。

2. 身体感觉。正常时自我感觉良好，身体无不适感觉。如运动中或运动后异常疲劳，有头昏、恶心、呕吐、全身无力、肌肉酸痛等不良反应时，应详细记录。

3. 睡眠。良好的睡眠就应是入睡快，睡眠深而少梦，晨醒后头脑清醒，精神状态好。如果入睡慢，容易做梦，睡中易醒，日间无力嗜睡，精力不集中，容易疲劳等，表明睡眠失常。

4. 饮食。参加体育锻炼能量消耗大，所以，食欲会变得好起来，想进食且食量大。如果运动后不想进食，食量减少，表明运动量安排不当或身体健康状态不良。

5. 排汗量。出汗量如和平时无明显差别时，尿量应无大变化。当轻微活动就会大量出汗时，表明疲劳或某些功能不良，特别是有自汗和夜间盗汗现象时，表明身体极度疲劳或有其他疾病。

6. 心率。一般在早晨起床前测定晨醒后的脉搏。脉搏应平衡，锻炼一段时间后会稍有下降。如出现晨脉增快或有心律不齐症状，可能与疲劳和过度训练有关，应注意观察。

7. 体重。进行耐力运动（中等运动强度）时，体重应该是平稳的。但在锻炼初期，由于水分和部分脂肪的丢失，可使体重下降 2~3 千克，以后因肌肉体积增加，体重还会稍有回升而保持平衡。如果体重持续下降，表明有严重的疲劳或患有其他消耗性疾病。

8.肺活量。有条件时,应在运动前做一次肺活量检查。参加有氧代谢运动后,肺活量会增加一些,如持续下降则表明肺功能不良。

9.血压、心电图。在有条件时,或某些患有心脑血管疾病者,要定期检查,并做运动前后对比的试验。

10.锻炼情况及成绩。记录完成计划情况、训练量和测验成绩等。

11.其他记录。缺席情况、受伤情况、中断运动时间和气象条件等。

12.指导员和医师的评语。主要是对运动量、锻炼方法、运动操作和某些注意事项方面给予详细记录。

（三）坚持锻炼

1.不要停止已经养成的习惯

让事情继续下去的最简单方法就是不要停止。避免长时间不锻炼,因为重新养成习惯确实更费力些。这条建议对某些朋友来说或许已经有点晚了,但如果你已经养成了体育锻炼的习惯,就千万不要在遇到一点点困难时就选择放弃。

2.一旦开始运动就奖励自己

伍迪·艾伦(电影导演)曾说:"生命的一半时间在于自我表现。"[1] 在想要养成某个习惯时,90%的精力都是用于如何实现它的。你应该多想想自己的体重,自己能够跑多少圈,自己能够仰卧举多重的杠铃。

3.对自己承诺坚持30天

对自己许下这个月天天运动的承诺(哪怕每天只运动20分钟),有了这个承诺,你的习惯就会得到巩固。与此同时,你也不必在头几个星期天天劳心,犹豫着到底要不要去运动。

4.找点乐趣

要是在体育锻炼中体会不到乐趣,坚持体育锻炼就会有点困难。这个世上有成千上万种锻炼身体的方式,所以,如果你觉得举重或者仰卧起坐并不适合你,那你就试试其他的吧。许多大型健身中心都提供各式各样的运动项目,总有一种是你喜欢的。

---

[1]　伍迪·艾伦.伍迪·艾伦谈话录［M］.付裕,纪宇,译.开封:河南大学出版社,2016.

5.把运动安排在自由时间

不要把运动安排在那些可能会因为其他重要事情而被占用的时间里。工作结束后或是早晨一起床都是不错的运动时间。要是安排在午饭休息时间，则很可能因为工作尚未完成而被占用掉。

6.和朋友一起运动

找几位朋友加入你的运动计划。有了交际因素，你会更愿意遵守自己的体育锻炼承诺。

7.在日历上打"×"

笔者认识的一位朋友有在要运动的日子在日历上打"×"的习惯。这么做的好处是对于已经进行多长时间体育锻炼一目了然。坚持在日历上打"×"是个激励自己的好方法。

8.在付出努力之时得到乐趣

进行体育锻炼后，问问自己哪些部分你喜欢，哪些部分你不喜欢。一般来说，你要继续坚持你喜欢的那部分，避免你不喜欢的那部分。若是多想想如何在体育锻炼中得到乐趣，你会更愿意去体育馆的。

9.把运动当作一种仪式

体育锻炼的习惯要根深蒂固到成为一种仪式。也就是说，一到体育锻炼的时间，你就会自觉地抓起背包去健身中心。要是你的运动时间总是不确定，那你就很难从锻炼中得到益处。

10.减轻压力

有压力时你很可能在工作上什么都做不好。不过，体育锻炼可是一种减轻压力的好方法，它会让你的心情变好。所以，下次感到充满压力或疲劳的时候，就试试去参与你喜欢的运动吧。一旦体育锻炼和减轻压力之间建立了联系，你会更容易重新养成体育锻炼的习惯，即使在此之前你是刚刚度过一段悠长的假期。

11.测量健康值

我们不应该过度关心体重的数值。即使你的身体发生了变化，体重却不一定会发生变化，因为增加的肌肉重量会抵消减少的脂肪重量。不过，变化的健康值仍是激励体育锻炼的好依据。记录俯卧撑、仰卧起坐或是跑步速度等简单的数值,都会让你发现体育锻炼是如何使你变得更强、更快的。

12. 先养成习惯,再购买器械

光鲜的运动器械不能促成体育锻炼的习惯培养。尽管如此,还是有很多人相信花几千美元买器械就可以弥补自己不爱运动的毛病。可这不能弥补! 所以,还是先养成体育运动的习惯,再来购买运动器械。

13. 清除失误

要是你老是不能坚持体育锻炼,就找找原因。你不喜欢运动?你没时间?待在体育馆里使你感觉不自在?不懂得健身技巧?只要你能找到自己的失误之处,你就改正,逐渐向胜利开始迈进。

14. 从小的目标开始

从一开始就打算跑 15 千米,可不是养成体育锻炼习惯的好方法。为了养成习惯,前几周里定个在你能力范围之内的目标;否则,你会被残酷的运动量吓到。

15. 是为了自己而运动

去体育馆只为了使自己的身体看起来更漂亮,就好像做生意只为了赚钱一样。这样,付出的努力就不足以达到你的目标。但如果去体育馆还为了别的原因,如激励自己、增强身体的力量、享受愉快的时光,那么即使运动成果不怎么显著,你也可能继续坚持体育锻炼的。

第 五 章　体育锻炼的心理效益

第一节　青少年心理健康概述

青少年时期是人生的特殊阶段,是青少年心理成长的塑造期,这个时期充满各种矛盾,使其心理健康处于高危境地。当前我国正处在社会转型和快速发展时期,尤其40多年的改革开放经历着发达国家上百年的发展跨度,生活节奏加快、社会环境日趋复杂、升学就业等竞争加剧,无不考验着青少年的心理承受能力。

一、心理健康的标准

1946年,第三届国际心理卫生大会对心理健康的定义为:在身体、智能以及情感上与人的心理健康不相矛盾的范围内,将个人心境发展成最佳状态。心理学家英格里希认为:"心理健康是一种持续的心理状态,当事者在那种状态下能做出良好的适应,具有生命的活力,且能充分发展其身心的潜能。这乃是一种积极的丰富的状况,不只是免于心理疾病而已。"[1]《简明不列颠百科全书》中明确指出:心理健康是指个体在本身环境许可的范围内所达到的最佳功能状态,但不是十全十美的绝对状态。[2]我国学者王登封、崔红认为:心理健康是个体在良好的生理状态基础上的自我和谐及与外部社会的和谐所表现出的个体的主观幸福感,即心理健康应是个体的一种主观体验,是身心和谐的结果。[3]主观幸福感是心理健康的最终表现,同时也是个体良好的生理状态以及个体的内部和外部和谐的结果。

总之,心理健康至今尚无一个公认的定义,但许多学者都认识到并强调个体内部协调与外部适应的问题,都视心理健康为一种内外调适的良好状态。世界卫生组织

---

[1]　亚历克斯·英格里希.自私的豪猪[M].艾玛·利维绘,王婷,译.北京:中国华侨出版社,2020.

[2]　中国大百科全书出版社《简明不列颠百科全书》编辑部译编.简明不列颠百科全书[M].北京:中国大百科全书出版社,1985.

[3]　王登峰,崔红.解读中国人的人格[M].北京:社会科学文献出版社.2005.

宣言,明确指出:"健康不仅仅是没有躯体疾病、不体弱,而是一种躯体、心理和社会适应完好的状态。"[1] 即健康除了身体无病外,还要具备心理的稳定及良好的社会适应。个体健康的生理和健康的心理结合在一起,对社会做出良好的适应,才会呈现出完满的健康状态。参照世界卫生协会所提出的心理健康标准以及综合国内外学者的观点和理论,可以把心理健康标准概括为以下几个方面:智力发展正常,情绪稳定协调,心理特点符合实际年龄,行为协调、反应能力适度,人际关系的心理适应,个性的稳定和健全等。

二、青少年心理发展的特点

青春期是转化的时期、过渡的时期,是由儿童转化为成人的准备时期,这也是其之所以特殊的关键所在。青少年期的这一特殊性决定了青少年在这个阶段的心理发展有着突出的特点。

1. 自我意识和独立意识增强

青少年时期是个体生命历程中最为活跃的阶段,在这一时期生命个体不论在生理上还是心理上的成长都发生了质的变化。个体身体器官发育趋于成熟以及性成熟等生理的成熟,促使他们感觉自己已经长大成人了,这样他们拥有了成人感,认为自己应该被周围人和社会平等对待,渴望赢得如同成人般的尊重和信赖。成人感使自我意识和独立意识得以滋生,他们越来越喜欢摆脱掉父母而自己做主,自己拿主意,拥有独立自主决定自身一切事宜的权利。

2. 情绪抑制性较差、心理脆弱

青少年没有小时候那么喜怒无常,阴晴不定,他们的情绪波动突出体现在情绪的两极化方面。霍尔认为:"十几岁青少年的情绪通常很不稳定,十分孤独。那是一种不能自控、剧烈变动的精神状态,感情胜过一切。可见,这时的不稳定性极为突出。青少年的情绪就是在比较反射中上下波动。"[2] 青少年在这一情绪冲动下往往容易激进,容易犯错误,甚至追悔莫及。青春期的心理发生变化,拥有成人感,自我意识和独立意识增强。青少年有朝气有活力,为人处世积极热情,加之青春期萌生的成人感、

[1] 刘佳. 大学生心理健康实用教程 [M]. 西安:陕西科学技术出版社,2020.
[2] 克莱顿·克里斯坦森,泰迪·霍尔,凯伦·迪伦,等. 创新者的任务 [M]. 洪慧芳,译. 北京:中信出版社,2019

自我意识和独立意识强,其情绪特点突出体现为以下两点:首先是热情和冲动并存,其次是细腻与粗暴共存。随着年龄的增长和知识水平的提高,这个阶段的青少年情感越来越丰富和细腻。与此同时,他们比一般人更加容易情绪敏感,对待同一件事情,大众可能觉得没有什么,而对于青少年却可能会引发不少情感,并且反应强烈。

3. 情感表达内隐性倾向明显

日益强烈的自我意识和独立意识潜伏于心,并不想将内心世界轻易展示于人。袒露与掩饰并存是其情绪表达内隐性倾向的逼真描述。他们丢掉了童年的坦率,转而变得含蓄。学会了掩饰自己的情绪,表现出来的情绪反应与内心活动不完全吻合,可能渲染夸大,可能尽力克制,而有时候也可能恰恰相反。

4. 理想化幻想性色彩浓重

理想是青少年自我意识和独立意识发展的必然结果。青少年躁动不安,大喜大悲的情绪特点往往使自身陷入情绪低谷,郁闷的心情莫名而来,为了摆脱这种情绪低潮,自然就在头脑里想象未来,憧憬美好,有了这样的理想和憧憬,不仅可以暂时缓解低潮心理情绪,同时还有利于他们树立远大理想,激励他们以饱满的热情去实现理想。

三、青少年心理健康的标准

心理健康标准是心理健康概念的具体化,国内学者普遍认为,心理健康在广义上是指一种持续高效、满意的心理状态;在狭义上是指知、情、意、行为的统一,人格完善协调,适应社会的行为。1946年,第三届国际心理卫生大会认为,心理健康是指身体、智能以及情感上与他人的心理健康不相矛盾的范围内,将个人心境发展成最佳状态。

根据以上定义,心理健康标准应包含四层含义:一是身体、认知、情感、行为等方面均协调一致,二是对环境的良好适应性,三是个体主观上能够感到幸福,四是在自己的职业规划中,能够充分地发挥自身潜能,真正体验高效率的生活。

根据年龄阶段的不同,心理健康标准有儿童心理健康标准、青少年心理健康标准和老年人心理健康标准之别。青少年心理健康标准如下:一是能正确认识周围世界,有良好的适应能力。二是有丰富、积极而安定的情绪,对别人的情绪能给予良好的反应。三是有自制力,能经受挫折,战胜自身和外部的各种困难。四是有稳定的兴趣和求知审美,社会交往的需要。五是有自信心、善于与人相处、乐于助人,以积极的态度对待生活。

四、青少年心理健康促进方式的研究

陈良、张大均对几十年来我国青少年心理健康研究发现,在青少年心理健康方面取得的主要进展是:研究思维从消极到积极的转变;研究领域从零散到系统的建构;研究方法从单一到整合的改进。通过对我国青少年心理健康研究的反思,我们得到了如下结论:提高人的心理素质是心理健康研究的基本目标;促进人的心理和谐是心理健康研究的基本价值追求;中国化是心理健康研究的基本方向。[1]

在促进青少年心理健康提升方式方面,国内外的心理学者进行了多方面的研究,廖全明、黄希庭提出了中小学生心理健康服务体系建设的理论模型,具体包括促进学生心理健康水平的心理健康教育体系、矫正学生心理健康问题的心理咨询服务体系、预防突发事件治疗学生心理疾病的心理疾病治疗与危机干预体系等三个子系统,以建立一个符合我国中小学实际的学生心理健康服务体系。

心理健康教育服务体系面向全体学生,其主要目的是培养学生良好的心理素质,提高学生的心理技能,发挥学生的心理潜质,促进学生人格的健康发展。心理健康教育服务的课程体系主要包括:学科教学中渗透心理健康教育体系;教育主体的示范体系;教育环境的隐性教育体系。

心理咨询(counseling)是指运用心理学的理论和方法,通过良好的咨访关系,共同分析心理问题产生的原因,进而寻求解决问题的对策,以恢复心理平衡、增进心理健康的服务过程。

心理疾病治疗与危机干预体系主要包括心理疾病治疗和心理危机干预两大体系。中小学生由于心理障碍或疾病而导致的危机事件时有发生,危害他人和社会。对心理疾病或危机的处理,突出服务人员的实践性或临床经验,是技术型的,更多地

---

[1] 贺淑曼.健康心理与人才发展[M].北京:世界图书出版公司北京公司,1999.

强调医学知识的临床应用。这时单纯地依赖学校心理健康教育和心理咨询是难以解决问题的，需要动员社会和家庭的力量，对具有心理疾病或危机的学生能做到早发现、早诊断和早治疗，形成心理疾病的预防治疗机制。

曹智荣对中国青少年心理健康促进模式进行了深入研究，发现中国青少年心理健康促进工作具有如下特点。

（1）青少年心理健康促进以学校心理健康教育为主要途径，且多归入德育或基础教育范畴。

（2）学校尚缺乏专项经费的投入，其资金来源多由德育经费划拨。

（3）政府目前仅出台了青少年心理健康教育的纲领性文件，而尚未将青少年心理健康促进工作纳入国家专门的立法体系。

（4）部分地区已开展的社区以及民间的青少年心理健康促进工作，在一定程度上表明中国的青少年心理健康促进工作正朝着多角度、全方位的方向发展。

研究表明，西方国家的心理健康体系是多方面的，也是复杂的，构成有公共机构和民间机构，一般健康服务和特殊心理健康服务，社会、家庭、司法机构和教育机构等多方面的服务体系。这些机构所处的地位与所起的作用是不一样的。

在 20 世纪末的美国，确诊、治疗以及在某些情况下预防心理异常的能力正在超过整个服务体系的影响力，而国家正是通过这种服务体系把心理健康保健服务提供给那些能从中受益的人。获得服务的渠道有健康保健部门、牧师、社会服务机构及学校等。美国心理健康服务制度是复杂的，其中包括许多部门（公共 / 私营、专业 / 普通、健康 / 社会福利部门、家庭、司法机构和教育部门）。加拿大社会各界十分重视对未成年人的保护。政府负责制定保护未成年人的法律法规，采取宏观保护措施，而社区、学校和民间团体则在保护未成年人方面做具体细致的工作。

第二节　体育锻炼与青少年心理健康研究概述

一、体育锻炼的心理健康效应

体育锻炼不仅能增强人们的体质,增进人们的身体健康,同时也是促进心理健康最直接有效的手段之一。到目前为止,已经有很多国内外的学者对体育锻炼改善心理健康方面做了很多相关的研究,涉及此研究的文献多达上千篇。

美国南加州州立大学的研究小组通过长达七年的持续研究得出:人类思维的敏捷性和反应的速度,甚至是这个人聪明与否,都与体育锻炼相关联,经常参与体育锻炼的人们能提高他们的反应速度。医学研究专家美国斯佩里博士的研究结论显示,体育锻炼能够开发人脑的右半球的潜能,而右半球的最主要的功能是能够提高人们的思维能力,同时也能对智商起到一个促进的作用,并能降低人体的应激反应,使得这类人在面对压力和突发事件的时候能够从容应对。布劳利(Brawley)的观点认为,体育锻炼具有非常好的社交功能,能培养人的团队意识和互帮互助的高尚品德。

其他的一些相关研究也表明,体育锻炼对人的自尊、自我概念、自信等方面都有一定的辅助作用,能使我们更加适应复杂多变的社会和世界。一些学者的研究结果充分表明,一些有氧运动,如健美操、武术等节奏感强的运动项目对不良心理的改善效果最为明显。但是,也有相当多的研究认为,体育锻炼一旦中止,一些患有不良的心理疾病的患者就会往不好的方向发展,甚至比体育锻炼干预前的患病情况还要严重。

现有的文献从以下五个方面来研究体育锻炼的心理健康效应。

1. 认知:这方面的研究普遍肯定了一种观点,即体育锻炼能够提高人的认知水平。安东尼的研究结果显示,不同强度的体育锻炼对认知能起到不同的作用,高强度剧烈的体育活动对认知起到反向作用,就是能降低人的认知水平,而中等强度的锻炼对提高人们的认知水平最好。其他一些国外学者的研究还得出,一些运动强度较低的项目能对老年人的记忆力起到改善作用,能够有效地缓解记忆力随着年龄的增长而衰退的症状。

2. 情绪：维恩等人的研究结论认为，经常参加有规律的、不低于20分钟的走路和跑步活动可以有效缓解甚至消除人来自工作、学习的压力和紧张情绪。泰勒的研究认为，体育锻炼的参与者都会在一次体育锻炼中获得愉快的情绪体验，从而能短暂地提高心理健康水平，一些学者对具有焦虑、抑郁的患者进行的访谈中得出结论，大部分患者都希望能在体育锻炼中获得开心的感觉。

3. 自我效能：研究表明，通过体育锻炼可以达到强身健体，尤其通过力量训练来发展肌肉，可以给人一种强壮威武的感觉，同时也可以给自己带来安全感，这样可以树立自己的自信心，提高自我效能感。

4. 人格：一些学者对体育锻炼与人格的关系做了相应的研究表明：长时间的体育锻炼能够发展一个人的人格和意志品质，但短期的体育锻炼对人格的发展不具备较显著的效果。泰勒的观点明确指出，必须对被试者通过长达一年以上的持续体育锻炼干预才能真正意义上对人格有促进作用。国内的一些学者通过健美操、慢跑这类有氧运动来观察被试者的人格改善情况发现，有氧运动对人格的塑造效果最佳，虽然效果不是太显著。纵观各种文献，对人格的研究方面，实验研究较少，目前已经有不少专家学者意识到体育锻炼对人格的积极作用，并且开始实验研究。

5. 社会适应：社会适应和心理健康、身体健康一样，是构成现代健康观念的一个重要组成部分。国外学者认为，群体观念、积极的竞争意识主要来源于日常的体育活动。我国学者认为，体育锻炼与社会交往、人际关系等都存在着比较显著的关系。他们研究发现，体育锻炼不仅能够增强人的体质和意志品质，还能在无形之中提高人的社会交往能力和团队协作能力，能够互帮互助，而不是自私自利，这对于青少年的成长有着健康的促进作用。

二、国外青少年体育锻炼与心理健康研究现状

在美国300所大学咨询中心的一项调查中明确显示，校园中越来越多的学生患有不同种类、不同程度的心理问题，这些问题主要包括：各方面的压力、焦虑、担心被恐吓、家庭或朋友问题、孤独、抑郁、酒精或物质滥用、进食障碍、能力缺陷、学习困

难、自杀或他伤观念、适应困难、失学，等等。各国的学者对体育锻炼与心理健康的关系进行了大量的研究和报道，欧美一些发达国家的结论比较一致地认为体育锻炼能够促进身体与心理健康。

第三节　已有干预与相关心理行为指标研究总结

一、自尊的相关研究

以往学者对自尊的定义研究比较全面，自我评价和情感体验似乎是所有国内外的自尊定义中都包含的两个基本因素。我国关于自尊的研究起步虽晚，但在自我概念、自我意识等与自尊相关方面取得了许多有价值的研究成果。关于国内大学生自尊的研究结果并不一致，主要围绕大学生的性别、年级、专业、是否独生、城乡来源以及家庭情况等方面探讨大学生的自尊是否有差异。

前人对大学生自尊的研究存在的不足之处有：选取的样本比较小，在改善大学生自尊的方法上多是心理上的团体干预居多，学校教育在体育锻炼干预方面的研究过少。

二、人际关系的相关研究

在以往对青少年人际关系的相关研究中以体育锻炼为主要干预手段的研究较少，多数研究更侧重于对心理方面的干预研究。在体育锻炼干预的研究中，干预总时长一般都为八周及八周以上，强度控制在中等水平，锻炼时间一般为半小时以上，每周锻炼的频率不一，每次锻炼的持续时间较短，则其每周锻炼的次数就会有所增加。

通过以往的研究发现，体育锻炼频率过低对人际关系敏感起到的作用较小，频率过高又会增加被试的负担以及负面情绪。锻炼时间过短，无法起到应有的效果，锻炼时间过长可能会使学生受伤，对体育运动产生厌倦心理。

三、抑郁情绪的相关研究

在体育锻炼的心理效益研究方面，研究成果较多，大都集中在对认知功能、情绪、自我效能感、人格发展、社会适应力这五大方面,其研究结果具有一定的权威性。相关研究结果表明,体育锻炼对人的感知能力、记忆能力、想象能力、思维能力等方面的发展都具有至关重要的作用。

国内关于高校学生不良心理与体育锻炼方面已经进行了一些研究,但基本上是以单独的一种不良心理症状与体育锻炼之间的相关性研究。如焦虑、抑郁、强迫症状等,暂时尚未发现研究多种或者是同时具有多种心理问题的学生在体育锻炼认知、体育锻炼行为现状、体育锻炼阶段性研究上的关系,在这一方面还有待进一步深入的探讨。

四、网络成瘾的相关研究

国内外对网络成瘾的干预研究已经受到人们的普遍重视,干预方法也日渐增多,但目前还没有关于对这些治疗方法的有效性进行评价的研究。近年来,随着网络成瘾问题的日益突出,研究大学生网络使用行为和网络成瘾的干预方式的文章也日益增多,在众多研究中呈现出以心理学为目的和手段的实证法(强调数据、实验、临床)、以德育为目的和手段的思辨法(强调内省、解释、理论分析)两大模式,但明显存在着问题和现象研究多,影响机制研究和干预机制研究少;横向研究多,纵向研究、跟踪研究少;结合中国文化背景和大学生特点进行可操作性、运用性研究少;心理辅导干预多而其他干预措施少等特点。各学科之间缺乏横向交流,不能产生整合效应;家庭、学校、社会、青少年自身没有形成合力,导致青少年网瘾反复发作。今后的研究应加强各学科之间的横向交流。

五、青少年体育锻炼与心理健康的相关研究

关于中学生体育锻炼与心理健康的影响方面,国外学者一致认为,体育锻炼能够促进身心健康,并对学生在焦虑、孤独、抑郁、人格障碍、恐惧症、家庭或朋友问题、能力缺陷、学习困难等方面进行了大量的研究和报道。

目前国内已经有一些研究,但大多以大学生为主,并且基本上是研究一种不良行为与体育锻炼之间的关系。而且体育锻炼在对中学生心理健康方面的研究较少,且研究大多是以某一地区体育锻炼对心理健康的影响方面,暂时尚未发现有对华东

地区青少年心理健康的影响及干预方面的文献资料，在这方面还有待进一步深入的探讨。

在研究对象的选择上，多数是以大学生为主。大学生群体无论是从年龄、经历还是心理成熟程度上显然要比中学生更能承受来自学习、生活、工作上的压力，自己解决问题的能力也比较强，中学生思维意识、对问题的认知等方面尚不成熟，一旦心理受挫，产生的影响无疑更大，因此，在研究对象的选择上也应适当关注中学生。在研究内容上，多数成果都是对某个地区问题现状的调查研究，对出现心理问题的青少年缺乏必要的实验干预研究及相应对策的提出。在干预对策上，多数研究明确指出了体育锻炼对心理健康的影响，但究竟何种运动项目、何种运动强度对何种不良心理问题的影响研究较少。

第六章 体育锻炼的效益

第一节 对骨的锻炼效益

骨是人体内最坚固的结构，大大小小有 200 多块。骨对人体起着保护、支架和运动的作用。骨和关节、肌肉连接起来，可以使人体做各种活动。此外，骨髓还有造血机能。

骨是由有机物和无机物共同构成的。有机物使骨具有弹性，无机物使骨坚固。骨的组织主要包括骨膜、骨质和骨髓。在儿童少年时期，骨的生长发育主要是靠骺软骨的不断增生骨化，使骨的长度不断增加；骨膜内的造骨细胞在骨质外层不断地沉淀钙盐，骨质得以加厚，使骨更加粗壮、坚固。

那么体育锻炼对骨骼有什么作用呢？人体在长期坚持体育锻炼时，新陈代谢加强了，使骨的血液供给得到进一步改善。血液通过骨膜内的血管传递给骨膜内的造骨细胞，于是造骨细胞的功能更加活跃，从而促进骨细胞的分裂、分化活动，使之更好地参加骨质的形成，完善骨的形态。另外，骨质中含有许多微细的针状或片状的骨质骨小梁。这类骨质见于长骨的两端及扁骨、短骨和不规则骨的内部。骨小梁与身体重力的传递及肌肉牵引方向有一定的机能关系，它的排列是符合力学规律的。经常性的体育锻炼，可以在很大程度上改善骨的结构和骨所受的压力、张力，使骨小梁的排列随着压力、张力的变化更加整齐、规律。骨的发育也受机械力的影响。受压力大的地方比受压力小的地方发育得快，因此，在体育锻炼时，可通过各种运动和练习，使骨受到不同程度的、适当的力，借以加强骨的正常发育。如果坚持进行锻炼，骨的形态结构和性能都发生良好的变化：骨密质增厚、骨变粗、骨小梁的排列更加整齐且有规律。这些变化能够增加骨骼的物质代谢，保持骨骼弹性，从而提高骨的抗折、抗变、抗压缩和抗扭转等方面的性能。因此,体育锻炼对骨骼有着良好的影响。

骨对人体起着保护、支架和运动的作用。由于骨在人体内担负着非常重要的任务,不但要求它有极大的坚固性,而还要求它非常轻便。骨的构造,正合乎这种要求。由于骨的科学构造和化学成分赋予骨以极大的坚固性和弹性,从而使骨骼"坚韧似钢铁"。所以,骨骼能承受很重的重量,并且能使人体灵活地做出各种非常精巧、复杂的运动。通过传统体育锻炼,可以促进骨骼的发育和生长。因为骨的可塑性很大,青少年时期,在神经系统的调节下,骨骼中进行着非常旺盛的生长过程和物质代谢过程。科学研究证明,对骨骼生长发育起作用的因素很多,而经常参加传统体育锻炼,由于肌肉对骨骼的牵拉和重力的作用,使骨骼不仅在形态方面产生了变化,而且使骨骼的机械性能也得到了进一步提高。通过传统体育锻炼,骨骼在形态方面最明显的变化是:肌肉附着处的骨突增大,骨外层的密质增厚,而里层的松质在分布上则能适应于肌肉的拉力和压力的作用。这些变化,使骨质更加坚固,使骨可以承担更大的负荷。也就是说,这些变化提高了骨骼对抵抗折断、弯曲、压缩、拉长和扭转方面的机械性能。在进行各项传统体育锻炼时,各个骨骼的负重情况并不是完全相同的,它所发生的变化,取决于参加某项传统体育锻炼时所接受的刺激性质。例如,武术锻炼者在做动作时使上肢骨在同一方向上被拉长,而在做支撑动作时则使上肢骨在长轴上受到"压缩"。如果经常进行锻炼,就能促使上肢骨在承担"压力"和"拉力"方面力量增强。其他弓箭、投掷和举石运动员的上肢骨,就显得粗大,而登山、舞狮者腿骨就比较强壮,气功锻炼者的足骨就比较坚实,等等。这都充分说明了体育锻炼对骨骼有着良好的影响。

与此同时,人体的许多骨与骨相连接的地方,都形成各式各样的关节。关节的周围都有韧带和肌肉包围着,韧带能加固关节,而肌肉不仅能加固关节,更主要的是能引起关节运动。在体育锻炼中,由于跑、跳等动作练习能增进关节的弹性及其灵活性,所以,经常参加传统体育运动的人关节的活动范围比一般人大得多,关节的牢固性及其可承受的压力也比一般人高。例如,在武术表演中,锻炼者的各个关节活动范围非常之大,做"后桥""大劈叉"等动作,没有经过长期锻炼是很难完成的。骨骼与肌肉等运动系统是运动的基础,肌肉作为骨骼最邻近的组织之一,是骨与骨连接的纽带,与骨的生长和发育密切相关。肌肉是人体运动的发动机,产生运动是肌肉的基本功能。此外,肌肉还具有支撑、维持姿势等功能。

1.肌肉在骨代谢中的作用。附着于骨表面的肌肉收缩时产生的机械负荷作用于骨骼,使之产生应变,这种应变再作用于成骨细胞和破骨细胞,即成为调节骨重建的主要因素。人到老年期,其肌肉力量(特别是爆发力)降低,活动量减少,致使骨的应力水平降低,而骨结构和骨量正是取决于机械力学中应力的大小。从本质上来说,这种应力是骨吸收和骨形成的生物力学偶联。骨结构和骨量主要由肌肉所产生的机械负荷调节,这种机械负荷作用与骨骼产生的应变对成骨细胞具有重要的刺激作用,可以促使成骨细胞不断地在原位形成新骨,从而增加骨量。这种刺激一旦减弱,既可以增加骨吸收又可以减少骨形成,最终形成骨质疏松。

2.肌肉与骨密度、骨矿含量。研究表明,负重和运动对骨的生长和重建是一种重要的机械刺激,两者均可增加骨密度(BMD)和BMC。人体运动均由肌肉收缩产生,肌肉与BMD和BMC具有最紧密的关系,两者既呈现单变量分析关系,又呈线性分析关系。肌力对BMD的影响比肌肉含量对BMD的影响更为显著,肌肉对BMD的影响主要通过动态负荷即肌力引起,其次才是静态负荷即肌肉本身产生的重力引起。骨量减少,尤其是脊柱和下肢BMD减少是肌肉收缩产生的机械应力对骨作用减少的结果,通过锻炼增加肌力可促进BMD提高。

3.肌肉与骨质疏松性骨折。跌倒是骨质疏松性骨折的主要危险因素。肌肉不仅与BMD、BMC有直接关系,而且是姿势稳定性的独立指标,对姿势平衡和稳定性起决定作用,低BMD和不良稳定性都会增加跌倒的频率。老年人骨质疏松和功能性肌肉单位退化丧失,导致骨质疏松骨骼的变形。此外体力劳动的减少,影响肌肉和骨骼健康,造成背部伸肌或屈肌系统相对于体重不成比例的虚弱,增加疏松椎骨压缩性骨折的风险。老年人预防骨量减少所致跌倒和骨折的最好措施是通过锻炼提高肌肉力量、紧张度,改善肌肉灵活性和力量的维持。锻炼不仅可以增加骨健康,增加肌肉力量、弹性及身体的协调和平衡性,使机体朝着整体健康状态发展,也是加强骨形成和肌肉支持骨的最好形式。总之,肌肉与骨质疏松症有着密切的关系。肌肉不仅可影响骨代谢,通过收缩产生应力促进成骨,增加BMD和BMC,改善骨质疏松状况,还可以通过增加身体平衡性和稳定性来减少跌倒的发生率,进而减少骨质疏松病病人骨折的发生。运动对骨质疏松的有很好的预防作用。大量研究表明,运动不仅是骨矿化和骨形成的基本条件,而且能促进性激素分泌、调节全身代谢状态,明显地改善肌肉神经功能、促进骨和肌肉的合成代谢和重建、增强骨强度和肌肉强度,从而减少骨量丢失,达到预防和治疗骨质疏松的目的。此外,坚持适当的体育锻炼有助于改善和提高肌腱和韧带的顺应性、延伸性和柔软性,提高平衡能力和灵敏能力,从而预防或减少跌倒的机会,降低骨质疏松症骨折的发生率。

运动防治骨质疏松的原理如下。

1.运动的应力效应:运动防治骨质疏松的功效在于它对骨的应力效应和对神经肌肉代谢的良好影响等。具体表现如下。

(1)运动产生的肌肉张力和机械应力作用于骨骼,导致骨组织的特异性变形,改变骨内的压电位,进而刺激成骨细胞生成,促进骨形成和重建,以维持骨量或增加骨密度,并使骨的弹性增加,抗弯曲、抗挤压和抗扭转的能力增强。研究表明,在绝经后的妇女和老年人中,运动在一定程度上弥补了骨量的大量丢失,起到了维持骨质水平的作用。

(2)动态运动和静态运动产生的肌收缩可以使肌神经细胞保持较长时间的兴奋,提高神经细胞的工作能力,使神经冲动发放增强,并可以增加肌红蛋白的含量及使肌增粗,增大肌强度。

2.运动的激素效应:内分泌在维持骨骼正常代谢方面起着十分重要的作用,主要是可以促进骨的蛋白质合成,使骨基质总量增加及有利于骨的钙化,尤其是睾酮和雌二醇,可促进骨骼的生长、发育,使骨皮质增厚和骨密度增高。运动能够通过调节内分泌功能来促进骨形成,并可增加睾酮和雌激素的分泌,以有效促进骨代谢。

3.运动的补钙效应:运动的补钙效应可表现在以下几方面:其一,运动可提高需钙阈值,促进钙的吸收。运动在增加骨质的同时,也增加对钙的需求量,即提高需钙阈值;相反,当长期不运动如卧床或肢体固定时,骨堆钙的需求量少,大量的钙从尿中排出,从而降低骨密度。其二,在进行室外活动时,可接受充足的阳光照射,使维生素 D 含量增加,从而促进钙的吸收。其三,适当运动可有效改善骨组织的血液供给,从而促进钙的吸收。

4.运动的肌力效应：运动在增强肌力量的同时，也增加了骨质的水平。佛罗斯特（Frost）认为，在骨质疏松发病机制中，神经系统调控下的肌质量（包括肌质量和肌力）是决定骨强度（包括骨量和骨结构）的重要因素。研究发现，人体内肌力对应骨量是一个大致不变的比例关系，女性中与年龄相关的骨丢失往往会伴随相应的肌力下降。因运动可使肌的体积增大、肌力增强，所以，运动在增加肌力的同时，也可以维持或增加相应的骨量。

运动防治骨质疏松的方式如下。

1.运动项目

虽然高强度、强爆发力的运动对骨骼的应力刺激大，但这类运动方式一方面会给患者的循环系统带来不利影响，另一方面，在反复承受高应力的作用易发生骨折。所以，在骨质疏松的运动防治中不推荐高强度、强爆发力的运动，尤其是老年人或骨质疏松症患者应予以禁忌。美国运动医学会推荐的"骨质疏松预防运动方案"是力量训练和有氧运动。在有氧运动中常用的运动项目有步行、慢速跑、骑自行车、游泳、爬楼梯、登山、舞蹈及各种拳操等。步行是最简单且行之有效的有氧训练活动，适于年老体衰者。步行速度宜中等偏快，全身放松，每次持续15~30分钟。慢跑运动强度比步行大，慢跑需要有全身大部分肌肉协调参与完成。在慢跑中要注意足跟先着地，然后全脚掌着地，这样可使腿部肌肉得到放松。另外，跑步时脚着地后膝关节要稍稍弯曲，以缓冲部分作用力。身体姿势要正确，抬头、挺胸，双上肢放松，前后自如摆动。跑步要与呼吸相配合，如跑2~3步一呼、2~3步一吸。跑步的速度也要掌握好，使心率增加到需要的水平，而后维持15~30分钟。跑步的道路宜宽阔平坦，避免在过硬的运动场地运动，以免发生运动创伤。力量运动：腹肌、背肌、四肢肌练习可用杠铃、哑铃、沙袋、滑轮、专门的肌力训练器、自身体重，如原地跳高等进行抗阻训练，也可以采用等长训练。

2.运动量

确定运动项目后，掌握适当的运动量是决定运动防治有无疗效的关键。运动量是指一次锻炼中肌肉所做的总功量。其大小受运动强度、持续时间及运动频度三种因素的综合影响,三者之间的关系可互相平衡。运动强度:老年人提倡低能量运动训练,以最大心率的 60%~70% 为宜。运动时间:对于一般有氧运动来说,运动强度大,持续时间可稍短,运动强度小,持续可稍长。一般 30 分钟到一个小时。采用同样运动量时,年轻体质好者,宜采用强度较大、持续时间短的方案;中老年人及体弱者宜选用强度较小、持续时间较长的方案。总之,选择运动量大小要因人而异,要根据患者反应和治疗效果来决定。运动频率,每星期运动的次数。如运动量较小,可每天一次或隔日一次;若运动量较大,则时间间隔宜稍长。但要注意的是如间隔超过 3~4 天,运动效果的蓄积作用消失,疗效则会减低或无效。运动频率的确定一般以次日不感觉疲劳为度,每周训练 3~5 日。

3. 运动注意事项

在进行骨质疏松症运动预防和治疗时应注意以下几点。

(1)强调三级预防原则:对快速骨量减少的人群,应及早采取相应的防治对策。注意积极治疗与骨质疏松症有关的疾病,如糖尿病、类风湿性关节炎及慢性肾炎等。对老年骨质疏松症患者,应积极进行抑制骨吸收和促进骨形成的药物治疗。

(2)坚持个体化原则:根据个体的骨量改变、丢失程度、轻重程度、骨折情况及中老年人的各种具体情况选择运动预防和运动治疗的项目,并注意与各种手段的相应配合。骨丢失以及轻度疏松症不伴骨折者可进行肌力练习,如坐、卧位的肌力练习,还可以进行有氧运动,负重训练(重物应靠近身体、避免脊柱屈曲)和平衡训练等。中、重度骨质疏松症患者应在治疗师的指导下进行背肌伸展运动、腹肌的肌力以及上下肢肌力练习、平衡训练和有氧运动。另外,每日 30~40 分钟的散步有利于刺激骨形成。在身体状况许可的情况下,需提高运动强度。骨质疏松症合并椎体、髋部、手腕骨折者急性期应在固定下进行必要的休息,或在医生或康复技师指导下,进行未固定肢体的活动。

(3)规划运动的阶段性:坚持长期有计划、有规律的运动,对延缓骨质丢失有较好的作用。

(4)注意运动量的控制:在按运动处方进行治疗或预防时,要求对运动强度、运动量要逐步适应,注意超量恢复的原则,但不可强求。运动后不应有疲劳感;否则表示运动强度超量。

(5)加强身体的定期检查,以观察有无不良改变和及时进行运动效果的评价。

(6)重视准备活动和整理活动:充足的准备活动,可使机体逐渐适应较大强度的训练做准备及预防肌拉伤等运动损伤的发生。结束时注意整理、放松,可以有效地预防因运动突然停止对机体带来的不利影响,如重力性休克。

第二节 对青少年身体素质和运动能力的效益

一、体育锻炼的效益

(一)体育锻炼对人体生长发育的影响

体育锻炼对人体生长发育有一定的促进作用。体育锻炼的刺激首先可直接作用于骨、关节和肌肉等运动器官,并使之产生适应性的变化。用以评价生长发育的指标主要包括体格指标,如身高及上、下肢长度、肩宽、骨盆宽、髋宽、胸围、上臂围、大腿围和体重等指标。其中,身高代表人体骨骼纵向发育的程度,肩宽等代表人体横向发育的程度,胸围等代表人体软组织(肌组织)的发育程度。

体育锻炼可以通过对骨骼的刺激,增加骨矿物质的吸收,促使人体长高;可以通过对骨骼肌的刺激,增加肌肉蛋白质的合成,改善肌肉细胞代谢,促使肌肉发达,增强人体的各个宽度和围度,因而是一种有效地促进人体生长发育的手段。但是,应该明确指出,在试图通过体育锻炼促进生长发育的时候,一定要注意营养的搭配;否则,身体锻炼不但起不到促进生长发育的作用,反而会因消耗增加而造成营养不良,阻碍生长发育的正常进行。

(二)体育锻炼对人体的生理学、生物化学及医学作用

有规律地进行体育锻炼,可以达到从多方面促进健康的目的。从生理学、生物化学和医学的角度讲,体育锻炼一般可以从以下方面促进健康。

1.体育锻炼可促进心血管功能的改善。体育锻炼可以改善心血管功能,如安静

时的心率下降，心脏每搏输出量（心脏每次跳动输出的血量）增大和心脏体积增大等。经常参加有氧运动的人安静时的心率都比较低，有的只有 50 次 / 分。这种变化配合心脏每搏输出量增加的变化，就说明心脏的血液输出功能提高了。而心脏体积的增大，也可以在经常从事身体锻炼的人身上看到。这并不是有病，而是心脏容血量提高、血液输出功能增强的表现。

2. 体育锻炼可增强骨骼肌功能，延缓骨骼的衰老。体育锻炼可以通过运动刺激肌肉，达到增强肌肉力量和耐力的目的。在体育锻炼过程中，由于肌肉反复用力做功，可以刺激肌肉细胞中有关能量代谢、蛋白质合成等酶活性的增加，因而，提高肌肉细胞中能量代谢的能力，促进肌肉蛋白质的合成，以达到增强肌肉力量和耐力的目的。在运动过程中，直接参与活动部位的骨受益最大，如多走可以使腿骨增粗，常举重物可以使臀骨增粗且骨质密度增高。这是因为在肌肉收缩期间，所连接的骨就会受力，其对钙等矿物质的吸收就会相应增加，对预防骨质疏松就会有一定的积极作用。

3. 体育锻炼可阻碍、减少、避免疾病的发生。体育锻炼对人体疾病的预防、治疗、康复有着重要的作用。但是，体育锻炼对疾病的抵御作用是有条件的，有许多疾病是不可能通过体育锻炼治愈的，如遗传病。有许多疾病的某些阶段也是不宜从事体育锻炼的，如炎症、高烧等。因此，应该正确地认识和使用体育锻炼的手段来和疾病做斗争。

（1）体育锻炼可以提高人体的某些免疫能力，防御生物病原的侵害。国外的实验研究证明，在进行运动时体温升高，机体内产生一些特殊的物质，这些物质可以增强免疫功能，从而减少传染病的发病率。与此同时，在体育运动时，体内白血球的数量增多，也增加了抗御疾病的能力。

（2）体育锻炼可以提高人体的各种自救能力，以有效避免机械外力的伤害。快节奏的生活方式、大幅度的活动空间、运载工具的高速化，加大了人与人之间的摩擦，使日常生活中发生意外事故的概率大大增加。在一些工业发达国家，"意外事故"的死亡率仅次于心脏病、脑中风和癌症。在我国这方面的死亡率也有所上升。这些意外事故主要发生于工伤、车祸、爆炸、暴力、房屋坍塌以及各种突发的自然灾害，如洪水、飓风、地震、海啸等。体育锻炼可以提高人体掌握自救、互救的知识和本领，使人们具有灵敏的反应能力和应变能力，使人们具有克服意外事故的良好体力与心理准备。

（3）体育锻炼可以提高人体的新陈代谢水平，减少、推迟或避免各种代谢疾病的发生。经过广泛的实验证明，体育锻炼可以使人体中的高密度脂蛋白胆固醇增高，甘油三酯降低，这些指标的变化对防止肥胖症高血压、冠心病都是有显著效果的。体育锻炼对于防止老年人心血管系统和运动器官老化等方面的作用也同样是十分明显的。

（4）体育锻炼可以加速病愈后的恢复。目前的医学迅速向临床医学、预防医学和健康医学相结合的方向发展，各类患者可通过医疗体育的多种手段恢复肢体功能，增强抵抗能力，以补充医药手段的不足。

（三）体育锻炼对提高人体适应自然环境能力的作用

人体适应环境的能力实质上是人受了外界环境影响，在中枢神经系统支配下，不断地调节机体，使之处于正常稳定的功能活动状态。通常情况下，体育锻炼都是在露天环境中进行的，外界环境因素（空气、水、阳光）随时都在发生变化。这些变化不可避免地会使身体受到影响，人体必须随时调节自己的功能以适应环境，使身体内外达到平衡。所谓平衡仅是暂时的、相对的平衡，称为动态平衡。调节平衡的能力主要是在中枢神经系统的指挥下形成的。例如，人体受到寒冷刺激后，大脑皮质立即调动全身各器官、系统加强活动，产生防御性反射，使皮肤血管收缩，减少散热。与此同时，体内增加热量，以抵抗寒冷的刺激；反之，在炎热的条件下，机体在中枢神经系统的指挥下，皮肤血管舒张，大量出汗以加强散热。又如高山上缺氧地区人体必须加快呼吸，肺通气量也随之增加，使机体获得更多的氧气。自然环境中的病菌、病毒侵入人体后，中枢神经系统将动员体内的各种防御机能，使白血球的吞噬作用增强，抗体产生加快，以尽快排除和杀灭病菌、病毒，保护身体免受侵害。由于自然环境的变化是客观存在的，要达到人体与外界的平衡，必须依靠自身不断调节来增加适应能力，所以，身体对外界环境适应能力的强弱，同时也是人体健康状况好坏的一个重要标志。身体的适应能力,也是通过条件反射形成的,经常参加体育锻炼,可使人对外界刺激的反应快而准确,有利于增强人体的适应能力和提高人体对疾病的抵抗能力。

二、锻炼对身体的效益

(1)发达肌肉,增长力量。健美运动的一个突出作用是,可以有效地发达全身肌肉、增长力量。在人体中,由肌肉、骨骼、关节和韧带等共同组成了运动器官,使有机体得以进行各种各样复杂精细的运动,而一切运动的原动力就是那些大大小小的肌肉。

(2)增进健康,增强体质。经常从事健美锻炼,能对心血管系统、呼吸系统和消化系统等各内脏器官的功能产生良好的影响。健美锻炼可使心肌增强、心脏容量增大、血管弹性增强,从而提高心脏的收缩力和血管的舒张能力,使心搏有力、心输出量增加。心脏的工作能力和储备能力都提高了,就能承受更大的负担量。健美锻炼还能使血液中的红血球、白血球和血红蛋白增加,从而提高身体的营养水平、代谢能力和对疾病的抵抗能力。健美锻炼对呼吸系统的机能也有良好的影响。健美锻炼还能提高消化系统的机能,与此同时,肌肉的活动可促使胃肠的蠕动增强,消化液分泌增多,使消化和吸收能力得到提高,食欲增加。综上所述,健美运动能有效地增进人体的健康水平,增强体质。

(3)改善体形体态。矫正畸形体形主要是指全身各部位的比例是否匀称、协调、平衡和谐以及主要肌肉群是否具有优美的线条。体态主要是指整个身体及各主要部位的姿态是否端正优美。我国自古以来就很重视体态,俗话说"站如松、坐如钟",就是强调一个人要站有站姿、坐有坐相。

(4)调节心理活动,陶冶美好情操。人的心理活动,其本质是大脑对外界客观事物的反映。现代生活的紧张节奏,会使人产生紧迫感、压抑感,而紧张的体力劳动和脑力劳动又会使人产生疲劳感。健美训练所带来的形体美、姿态美的良好变化,也使人变得活泼、开朗、朝气蓬勃。所以,健美运动是一种青春常在的运动,它可以调节人的心理活动、陶冶人的美好情操。

(5)提高神经系统机能,培养顽强意志品质。中枢神经系统主要由脑和脊髓构成,而最高指挥机关则是大脑皮层。它一方面担负着管理和调节人体内部各器官系统的活动,保持人体内部环境的平衡,另一方面则维持人体与外部环境的平衡。健美运动是在中枢神经系统的支配调节下进行的。反过来,进行健美锻炼也能提高中枢神经系统的机能水平。它能够提高神经过程的强度和集中能力,提高均衡性和灵活性,从而提高有机体对内外环境的适应能力。在健美训练过程中,肌肉经常要工作到极限,运动员要经常克服由于大运动量训练所带来的肌肉酸疼等疲劳感觉和各种困难,长期的刻苦训练,持之以恒、坚持不懈,就可以培养顽强的毅力,培养不怕苦、不怕累、不怕疼痛、不怕枯燥的顽强意志品质。从高中步入大学,不仅文化课程的学习方法发生了巨大变化,而且体育课等素质培养课亦是如此。在高中体育课上,男女同学都一同上课,由同一个老师教。但由于男女同学身体素质、生理结构、运动偏好等诸多方面存在的不同,导致这样的上课形式存在不少弊端。其次,高中的体育课都由学校规定课程,往往忽略了同学们自由选择自己喜爱的运动的权利,打击了同学们上体育课的积极性,同时也使得高中体育课显得死板、不活泼。此外,由于学校要考虑学生在高考中的升学率,而升学率主要由文化课成绩决定,所以,学校经常以牺牲体育课为代价换来学生一节课的复习文化课的时间。

以1896年第一届奥运会为标志的现代竞技体育的发展是人类历史上的一种特殊的文化现象,现已成为人们生活中不可缺少的内容。竞技体育是指为了最大限度地发展和不断地提高人们在体格、体能、生理和心理等方面的能力,并以取得优异的运动成绩而进行的科学的、系统的训练和竞赛。它以其独特的优势及其体系的可开发性、作用的适用性、影响的广泛性,成为整个体育运动中最活跃、最积极的部分,它的发展对体育文化的发展起着深刻且广泛的影响,同时它也是促进各类体育活动发展的一个重要条件。校园体育文化作为社会亚文化的一种特有现象,是指在学校这一特定范围内,人们在实践过程中所创造的物质财富和精神财富总和的一部分。校园体育文化的发展离不开学校体育这片沃土,学校体育是校园体育文化的基础,同时也是学校教育的重要组成部分,具有培养学生的体育能力、运动兴趣及习惯,增强学生体质,促进学生身心全面健康发展等功能。

三、竞技体育对校园体育文化的影响

竞技体育有着十分悠久的历史,它源于社会文化和民族文化,具有强烈抗争的性质,是体育活动中最重要的组成部分,有着广泛的群众基础。一方面,一个国家竞技体育的水平甚至代表着国家的形象,所以,它的社会影响力巨大。另一方面,随着现代传播技术的发展,竞技体育更是得到了前所未有的宣传和关注,已经成为人们日常生活的一部分,如奥运会、世界杯足球赛、NBA、亚运会、甲A足球赛,几乎都深入每个学生的心中,选修热门运动项目的学生日渐增多。正因为竞技体育已远远超出其本身的价值,所以,我们可以认为它是社会政治、经济和文化的集中体现之一。竞技体育文化是构成体育文化的核心,因此,向学生传授基本运动技术、战术、规则,是提高学生体育文化水平的需要。我国学校体育中竞技运动项目作为学校体育教学内容已延续了几十年,它是师生课余体育锻炼,丰富校园文化生活的一种重要手段,毫无疑问,竞技体育已经成为校园体育文化的一部分。

众所周知,一个国家的竞技体育水平代表着这个国家的形象,同样一所学校也往往会由于其高水平的竞技体育而被大家所熟知或更加著名。发达国家的不少大学都致力于培养一支高水平的运动队来为其学校争创知名度。目前我国高校体制正在进行改革,几乎所有高校的改革方案都注意到了它的巨大潜力和影响力。尤其是我国先后建立了几十所培养高水平运动队的试点大学和近300所培养体育后备人才的试点中学,并定期召开全国大学生、中学生运动会,有力地推动了学校体育运动和竞技体育水平的提高。以竞技体育的优势项目来带动学校体育的全面开展,既提高了学校体育在整个教育中的地位,同时也大大促进了校园体育文化的发展,丰富了校园文化生活。高校体育运动代表队的性质已从原来培养学校体育骨干、丰富校园文化活动方面逐步向半专业化方向发展,其态势已经跨出校园,面向社会,走向世界。早在20世纪初期,竞技体育就被国外一些专家看作是一种公民的素质、一种文化生活、一种独特的精神崇拜。他们深信,竞技体育可以培养青年人进入社会生活的能力,有助于增强青年人的身体素质、培养青年人的自信心,形成良好的性格和意志品质。国外的竞技体育始于儿童时期,他们在大量的业余时间里动员、引导儿童参加各种体育活动，并要求学生在体育课中也能全身心地投入，进入大学后，有的竞技体育的水平就已达到国际水平。

因此，校园竞技体育的蓬勃发展，不仅丰富了校园文化生活，同时也为社会培养了一支高水平的竞技体育人才和队伍。而我国由于对竞技体育的认识还存在许多与时代发展不一致的看法和观念，没有正确地认识竞技体育在人类发展过程中的巨大作用，导致竞技体育在学校中的教育功能没有能够得到更好的发挥。笔者认为，竞技体育在高校的普遍开展，不仅能够普遍提高学生的身体素质、心理素质，而且能够活跃、丰富高校的文化生活，同时在提高高校竞技体育的水平，发现、培养竞技体育的优秀人才等方面，将发挥巨大的作用。

四、竞技体育与培养正确的体育文化观念之关系

国内体育主管部门将体育工作与教育系统"嫁接"，走教育与体育相结合的道路，这是我国体育体制改革的重大举措之一。这将为学校体育工作带来新的研究课题。"嫁接"成功将对体育教学工作、学校竞技体育水平、场馆建设以及学校品牌带来不可估量的影响，并将大大推动校园体育文化的开展。但学校中的竞技体育毕竟与职业竞技体育有着很大的区别。竞技体育所包含的教育功能成分更应在学校工作中被强调，而人们往往容易把竞技体育的其他非教育因素扩大化后移植到学校教育中来，使其发生畸变。这是体育教育改革中一个值得注意的问题。如果对体育教育功能没有正确认识，体育教育改革就会失败，学校中竞技体育的开展就有可能步入歧途。为此，我们应从文化角度重新认识高校竞技体育的作用，正确发挥竞技体育的文化功能。

（1）竞技体育可以培养学生的竞争意识。现代社会是一个充满竞争的社会，而竞争的意识又与竞技体育息息相关。在体育运动中，不讲门第、不分尊卑；在竞赛活动中，不存在除个人身体、心理以外的任何不平等，学生在体育锻炼中、在运动中、在竞争中充分发挥自己的潜能，体现自己的力量。体育运动中最讲法制，不徇私情；最讲现实，不论资历；最讲务实，不图虚妄。这就要求每一个参加者都尽自己最大的努力去竞争，特别是一些直接对抗性的运动项目，如足球、篮球、拳击等，从而渐渐增强学

生的竞争意识和顽强毅力。

（2）有助于培养学生良好的社会道德与合作精神。在竞技体育中，各项运动都必须遵守严格的规则，人们只能在规则允许的情况下努力创造成绩，任何违反规则的行为都会遭到谴责和惩罚。与此同时，在一个集体项目中，每个人都有自己的角色，每一角色都有其特定的行为要求，必须依角色要求行动，这就十分有利于人的社会化，有利于培养人的遵纪守法的观念和行为。竞技体育始终遵循着"机会均等、优胜劣汰"的基本原则，严格的规则和公正的裁判可以培养学生公平竞争的观念；通过竞技体育也可以学习和锻炼如何正确对待竞争中的失误和失败，磨炼坚强的意志，增强抗挫折能力，使学生在激烈的社会中有顽强的生命力。因此，学生通过参与竞技体育运动，可以培养出良好的体育道德，进而养成优良的社会公德。即如何对社会群体、组织的公益事业做出贡献，怎样提高社会意识、怎样发展对别人的权利和感情的尊重和理解。竞技运动为我们提供了这样一个社会生活的学习、锻炼的机会和场所。

（3）有助于培养优良的个人品行。竞技体育有助于培养人的乐观精神和自信心，敢于竞争，敢于胜利，培养改变自我、超越自我等社会生活中不可缺少的优良品行，通过竞技体育还能培养领导与服从能力和充分展示与自我约束的良好行为。实验研究证明：有竞赛经历的学生能显示出较好的个人修养和社会适应性，表现出更高的组织领导能力。因为一方面竞技体育为承受责任做出决定、影响他人等领域的重要品质提供了锻炼的机会；另一方面，竞技体育又具有培养服从的一些品质的趋向，如尊重、遵守规则，服从裁判等。学生从竞技体育中也能培养无敌意或无怨恨地接受批评意识，不应有超越规定、严重伤及对手的行动。竞技比赛有时需要有自我约束或自我牺牲的精神，不仅建立在意志和取胜的欲望上，还必须建立在豁达的宽容心理上。这些品行都是个人立足于社会的重要条件。

（4）有助于提高学生对社会的适应能力。研究表明，参加竞技性比赛，能扩大学生的兴趣，放开性情，增加与他人结识的机会。同时在激烈的对抗中，在努力拼搏的奋斗中，接受成功或失败、表扬或批评的心理锻炼。在与他人的交往和冲突中，学生对社会环境的适应能力及心理承受能力受到很大磨炼，使学生得以从学习压力、心理伤痛等方面解脱乃至超越出来，从而保持良好的精神状态及更充沛的精力以迎接新的挑战。对社会现象是与非评价、道德标准与做人原则等在社会认识上的价值取舍，都可以在运动中受到检验，因此，竞技体育运动能测试出个人对社会的适应能力。

（5）竞技体育对校园体育文化可能造成的不良影响。任何事物的存在与发展都存在着两面性，竞技运动也不例外。它在给学校教育带来积极影响的同时，也可能产生一些负面影响，它可能导致错误的价值观的出现。高校体育教育的最根本目的是增强学生的体质，而后才是从中发现、培养高水平的体育人才。一些错误的价值观比较容易产生在那些运动员甚至存在于他们的崇拜者身上。荣誉、成就可能使他们更多地关心个人的得失，更多地关心能使他们获得荣誉的各种活动，进而引起他们处世哲学观的转变，不能正确面对社会、正确认识各种社会关系，从而导致与社会生活规范、道德观念相背离的错误价值观的产生，在某些人身上甚至会导致人性的丧失，进而滑向犯罪的深渊。众所周知，教育者与被教育者之间的关系是相当密切的，一旦教师、教练员把运动员、学生所获得的荣誉仅仅与个人利益相结合，就可能产生教育上的畸变。这些畸变主要表现在：为使运动员尽力争取以达到成人的目标而不断地给予他们过分的名利刺激，使他们的身心承担有害的压力。对学生参加竞技体育的思想意识和目标上的错误灌输，主要来自教师与教练员。为培养一支高水平的高校运动队，他们会更多地强调自己工作的成败、队员、资金、设备等与其相关的各个方面的重要性，导致过分特殊化，甚至不惜违反体育道德、社会公德、法律、法规而弄虚作假，有可能使教育的养成因素受到削弱、淡化甚至发生畸变。竞技体育还可能带来暴力行为的产生。攻击性是竞技体育的特点，由于青年好斗、好胜的心理，而竞技体育中的身体接触或对规则的理解不准确，就有可能在平常的争论中逐渐转化为暴力行为。所以，在竞技体育的教学中还应当有道德规范的内容，以提高学生辨别、应付和化解暴力的能力。

（6）高校竞技体育教育的正确之路。竞技体育在对校园体育文化产生重大影响的同时，校园体育文化也对竞技有深远的影响，如许多竞技体育项目就产生或萌芽于学校体育，而且伴随着国家体育战略方针的转变、竞技体育与高校联合办学的实施，最终会形成以学校为中心，依靠高中、大学的业余训练来形成整个训练的一条龙体系。中学作为培养奥运冠军的基地，高校则是大部分运动员攀登世界体育高峰的必由之路，由此形成强大的人才培养体系。但学校面向的毕竟是普通的学生，因此，我们的体育教学不能采用纯竞技运动，对那些技术复杂、难度较高的技术性竞技运动，应当从学校体育的实际出发，对其进行加工改造，修改规则、降低难度、改进教学方法，以达到促进学生身心健康、提高学生体育文化素养的目的。有条件的学校还可以建立俱乐部，利用专门的人力、物力、财力进行学校竞技体育运动，既能把有运动潜力的学生集中起来进行系统的运动训练，为竞技体育培养后备人才，又能保证学校正常的体育教学，以保证学生受到正常的体育教育。

第三节　提高青少年适应外界环境的效益

一、社会适应

适应是机体对环境的顺应，在医学上称为习服。社会适应是指个体为了适应社会生活环境而调整自己的行为习惯或态度的过程。在社会生活中，每一个个体都有自己的物质需要与精神需要，都有争取交往、安全、友情、自尊、权力、名誉及成就等愿望，所有这些需要或愿望的满足，都依赖于个体的社会适应。实际上，个体的社会化过程，就是在一系列社会学习的基础上不断地进行社会适应的过程。社会适应的顺利与否，很大程度上取决于个体社会学习与社会知觉的效率。只有较全面准确地了解社会条件、社会规范，具备较准确的角色知觉、人际知觉及自我知觉等，才能有效地进行社会适应。个体的社会适应应包括一系列的适应行为，通常表现为顺应、自制、遵从、服从、同化等具体的适应方式。人既是社会的主体又是社会的客体，也就是说，人总是有愿望的，但是，人的愿望也不是总能实现的。因此，化解个人的愿望与社会之间的冲突是个人适应社会的重要问题。社会适应能力是指个体在与他人及社会环境相互作用中所具有的良好的人际关系和扮演社会角色的能力。社会适应能力良好的人具有自信心和安全感，能与人友好相处，心情舒畅，少生烦恼。

二、体育锻炼与社会适应能力

体育活动对于发展学生的社会适应能力具有独特的作用，为他们走进社会提供了良好的助力。

（一）经常性体育锻炼可培养众多有价值的社会行为

这些行为主要包括勇敢、勤奋、坚韧不拔、自尊自信的品德，进取的意志倾向，激发竞争和创新的意识，对社会的责任感，等等。

（二）体育锻炼强化人际交往意识

随着经济社会的发展，人类日趋社会化。一方面，社会分工越来越细，导致人们之间的依赖越来越紧密（再没有哪个人可以离开其他人而生存下去）。但是与此同时，随着现代化的发展，人与人之间的隔离和孤独也在发展。随着社会分工越来越细，人们之间的依赖关系不断地加强，同时也使人施展自己能力、智慧的空间受到极大的限制，如专业化、机械化的耕种，农民的互助减少；原先人数众多的车间由于高度的自动化只需几个人操作；人们可以面对"传送带"工作，而不需与别人打交道；住房条件改善，休息时间常常面对电视、电脑和家人，把周围人忘了；社会竞争激烈而残酷，人们为获得物质与地位而努力奋斗的时候也往往将爱和交往这种需要忽视。于是，以往那种亲密的人际关系越来越淡薄。然而，社会和人的要求与社会现实的反差，促使人们努力寻找新的途径解决这些矛盾。这时，体育锻炼为解决这些社会矛盾开辟出新的路径并发挥了特殊作用。体育的魅力使人们冲破隔离和孤独，相聚在运动场，建立起平等、亲密、和谐的关系。总之，体育活动不分地位、贫富、年龄、职业，任何人都可以参加，而且常超越世俗的界限，让人平等而又真诚地进行身体文化的交流，以重建人际关系。

（三）体育能培养人的应急处理问题意识、配合意识及人际交往能力

进行球类运动，在一定规则的限制和瞬息万变的情况下，迫使队员霎时做出技术、战术的反应，这一过程充分体现出人的快速处理信息及应变能力，而所组成的战术及达到的效果，无不体现出个人或队友的正常发挥及密切配合的水平。在集体竞技比赛中，个人技术是基础，集体战术配合是个人技术得到有效发挥的保证。因此，

要张扬自我、展现风采及发泄激情，就要摒弃封闭，彼此关心、密切配合，从而使人与人交往的意识得到强化。此外，经常进行体育锻炼的人们，不仅能改善身体机能水平和提高运动能力，而且可以在共同切磋技艺、交流经验的过程中营造良好的情感交流气氛，以体育运动作为凝聚力和标尺影响着人们对人对事的态度，善待合作伙伴、促进感情联络，提高社会交际能力以及社会适应性。

（四）进行经常性的体育锻炼能促进人的自我实现

自我实现实质上是竭尽全力将自己所做的事情做得更好。人们要适应社会就必须有所追求、竞争进取、自强不息，不断地进行自我实现。在自我实现过程中使自己的身体、心理和社会承受性等方面都得到锻炼并进行良好素质的积累，提升适应水平。经常性的体育锻炼，是一种"天行健，君子以自强不息"（《周易大传》）精神的体现。体育锻炼中的这种精神不仅反映在健身方面，而且在个人的生存与发展中得到充分体现。例如，大禹在治水中得了足疾，一拐一瘸。为了驱赶病魔，他创造"禹步"，并将当时中国西部地区的"饮露吸气"之术融入其中，"三步作一闭气"，内外兼修，终于医愈疾病，继续跋山涉水、栉风沐雨、疏浚江河。体育锻炼所取得的点滴进步与积累，都在体力、机敏、意志等"人的素质"的标尺上记上了新的刻度，随着刻度的逐步增长，激励人们不断地实现身心的完善。进行经常性的体育锻炼往往体现出个人积极的生活态度、理想和信念。青少年时代的毛泽东对体育很有研究，认为体育是"野蛮身体，文明精神；强筋骨，调意志和增感情"，对体育的爱好是出自"身体是载知识之车，寓道德之舍，无体无德智也"的理性思考和实现革命理想的一种准备。

（五）体育活动有助于培养良好的合作精神

合作建立在团体成员对团体目标认识一致的基础上，合作被认为是有价值的行为。集体运动项目是培养和发展合作意识的有效工具，现代社会需要有合作精神，一个人的力量微不足道，一个人要想在社会中取得成功和成就，就需要与他人合作，需要得到他人的帮助，孤军作战，即使个人有再大的本事，终难成大业。合作能力既是体育活动参与者的必备条件，同时也是通过体育活动不断发展的能力。从事体育活动，特别是集体性的体育活动需要个体与他人通力合作，并且以各自不同的角色，达到协调配合的目的，如篮球的前锋、后卫，各自以不同的作用通力协作，以达到提高篮球比赛群体作战效率的目的,使每个成员都感到满足。这是因为群体内每个角色都是互相关联的,为了达到某个目标而结成的相互促进关系,这种关系可以使成员之间相互支持和相互信赖,稳定每个角色的地位,发展协同与合作精神,使集体目标得以实现。经常性地参加体育活动,有利于个体加强合作的意识,有利于个体培养团队精神。例如,高一新生刚到一个新环境,同学之间不是很了解,我们可以组织一场拔河比赛或接力赛等体育活动,来拉近同学间的距离,从而能促进人际关系进一步发展。

(六)体育锻炼有助于形成竞争意识

竞争与合作相对立,指为了自己的利益和需要而同他人争胜的行为。竞争观念在现代社会中是一个重要的价值观念,现代社会竞争日趋激烈,竞争既是体育的特征之一,又是体育精神的重要内容之一。现代奥林匹克运动口号"更快、更高、更强"就是竞争的体现。市场经济社会就是竞争的社会,各行各业的竞争归根到底是人才综合素质(科技文化、思想品德、体质)的竞争,竞争过程也是他们身心素质、各方面知识、能力的自我展示、优胜劣汰的筛选过程。竞争是体育运动的主要特征之一,在体育运动中,时时处处充满着竞争,既有对自己运动能力的挑战,如长跑到达"极点"时,是坚持下去还是半途而废,同时包含人与人之间的竞争、团体与团体之间的竞争,这种竞争,必须讲究良好的体育道德,取胜主要靠自己的能力,而不是通过不择手段地伤害他人以达到目的。体育运动与保守性格势不两立,强烈的竞争性督促着每一个参与者不断地去创新和变革。体育运动以"公平竞争"为宗旨,培养人这样的意识和观念:权利和义务、成功和失败、机会和风险,对所有人应该是均等的。通过体育活动的竞争来培养自己积极进取竞争的意识,为日后走出校门、走向社会做充足准备。

三、体育活动对人际关系发展的心理作用

体育活动、锻炼、比赛能够改变、调整、强化人际交往。人际关系最重要的特点是它具有情感因素,也就是说,人际关系是在人们相互间通过交往而产生的一定的情感基础上形成的。人际关系的各种类型都清楚地反映出人们彼此间的满意和不满

意、吸引和排斥的程度，彼此是否满足对方需要的程度，如果得到满足就互相吸引，心距也就近；否则，就相互排斥，心距也就远。引起彼此之间需要的满足，产生互为吸引的关系，受以下几个因素的制约：外貌、距离、能力、个性等。体育活动能对这些因素起到积极作用。例如，有些同学外貌不好、成绩也差，同学们不愿意和接近他。但体育课上发现他的篮球素质很好，这样在篮球赛赛场上通过发挥高超的球艺，快速超人的弹跳素质，给同学们留下了美的一面，最终获得了同学们的掌声和赞美声，这给人际交往增加了无形的情感成分。与此同时，体育运动又是一项缩短人际交往距离的项目。例如，球类比赛中都要有互相的配合及接触，并在运动中表现出每个人的个性、能力以及相互之间类似的兴趣爱好，为进一步的互相交往打下良好基础。

第四节　促进青少年心理健康

一、对青少年的影响

（一）体育锻炼对人认知能力的影响

各种项目的体育锻炼（特别是器械类）都有一个共同的特点，在运动或高速运动中要求运动者既能对外界物体（如球、器械等），做出迅速准确地感知和判断，又能迅速感知，协调自己的身体，以保证动作的完成。这样长期的运动便能促进人的感觉、知觉能力的发展，提高人的反应速度，提高人的知觉判断能力、使人变得敏锐、灵活。有些运动项目还能充分锻炼人的思维能力、判断能力、记忆能力，如棋类；而体操、跳水、花样滑冰、健美操等运动项目则能充分发展人的创造力、想象力和美的表现力。一些走、跑等动作的发展对少儿感知和思维发展有重大的作用，在排队、赛跑、跳上跳下、投包等一系列活动中可以培养低年龄学生的识别和理解上下、前后、左右、高低、远近和先后、快慢等概念，从而提高他们认识事物的能力。低年龄学生在做复杂的游戏时，要敏锐地观察瞬息多变的环境，独立地、快速地、创造性地处理当时所发生的问题，这对发展和提高少儿的观察、注意、思维、想象、记忆等能力都具有十分明显的效果。由此可见，经常参加体育锻炼可以提高智力，不仅能使锻炼者的注意力、记忆、反应、思维和想象等能力得到提高,还可以使其情绪稳定、性格开朗、疲劳感下降等,这些非智力因素对人的智力功能具有促进作用。

（二）体育锻炼对情感过程的发展有积极影响，可改善情绪状态

情绪状态是衡量体育锻炼对心理健康影响的最主要的指标。人生活在错综复杂的社会中,经常会产生忧愁、紧张、压抑等情绪反应,学生经常因名目繁多的考试、相互间的竞争以及对未来的担忧而产生持续的焦虑反应。研究显示:一个人的成功,只有20%归诸于IQ（智商）的高低,而80%取决于EQ（情商）。[1]姑且不论其结果正确与否,我们起码可以得出这样一个结论:工作效率的高低、学生学习效果的优劣,其情感取向发挥着重要作用。然而,在体育锻炼中的情感体验强烈而又深刻。不管是在大众体育活动和中小学的体育课上,还是在有竞争的运动会上,成功与失败、进取与挫折共存、欢乐与痛苦、忧伤与憧憬相互交织,同时人的情感表现也相互感染,融合在一起。这种丰富的情感体验刺激,有利于人情感的成熟,同时有利于情感自我调节能力的积极发展。在现实生活中,人们也可以通过体育锻炼改善和调节自己的情感状态。最好的例子就是南非前总统纳尔逊·曼德拉,他从年轻时就开始醉心于体育运动,甚至在监狱中也坚持体育锻炼。他在自传《漫漫自由路》中写道:"我从来相信,人的体育锻炼不但对身体健康起着关键的作用,而且能使我的心情平静下来。从前,有好多次我烦恼的时候,就跑到健身房对着拳击沙袋一通猛打,免得冲着同事,甚至是警察发火。"[2]

（三）体育锻炼对培养坚强的意志品质有积极影响

意志品质是指一个人的果断性、坚韧性、自制力以及勇敢顽强和主动独立等精神,意志品质既是在克服困难的过程中表现出来的,同时又是在克服困难的过程中培养起来的。在体育锻炼中要不断地克服客观困难（如气候条件的变化、动作的难度或意外的障碍等）和主观困难（如胆怯和畏惧心理、疲劳或运动损伤等）,锻炼者越能努力克服主、客观方面的困难,也就越能培养良好的意志品质。在学校体育和大众体育的活动中,也能磨炼人的意志品质。因为体育一般都具有艰苦、疲劳、激烈、紧

[1] 董晓郎.在体育教学中对高职大学生实施IQ和EQ教育之我见［J］.考试周刊,2008(12)：135-137.
[2] 纳尔逊·曼德拉.漫漫自由路［M］.谭振学,译.济南：山东大学出版社,2005.

张相对抗以及竞争性强的特点。在参加体育锻炼时，常常意味着竞争，意味着要达到某种运动水平或锻炼标准，而这一过程总是伴随着强烈的情绪体验和明显的意志努力。换句话说，就是要求你必须付出努力与汗水。如某一学生要达到体育锻炼"标准"，就必须意志坚强、吃苦耐劳、刻苦锻炼、坚持不懈。而当他努力达到"标准"时，则会为自己的成功而感到高兴，同时也会感到自己战胜困难的巨大潜力，从而树立战胜一切困难的勇气与自信。如攀岩，原来是属于成年人的一项冒险运动，然而，在当今的中国，越来越多的少年也开始迷恋上攀岩，有些中小学特别开设了攀岩课，由攀岩高手担任教练。研究资料显示，目前至少有 400 余所学校的 17 万名中小学生在接受正规的攀岩训练，并由此培养勇敢、顽强、坚毅等品质以及集体主义精神。此外，还有助于培养机智灵活、沉着果断、谦虚谨慎等意志品质，使学生保持积极健康向上的心理状态。

（四）体育锻炼对人格的全面发展有积极的影响

在参与体育运动的整个活动中能使人学会竞争，学会表现自己的才能与实力。体育运动也能使人学会合作、学会相互配合，使许多个人凝聚成一个整体，为了共同的目标去努力，去夺取成功。体育运动能让你掌握一个与人相处的法则，这就是：自己成功时要做到谦虚，别人成功时要善于欣赏，大家共同成功时要善于分享。这一法则正是健全人格的法则。体育锻炼能发展人多方面的能力，如协调能力、操作思维能力、直觉思维能力、应急能力等。体育锻炼还能磨炼人的意志，使人变得坚强、刚毅、开朗、乐观。人们通过体育运动的各种项目，根据不同运动方式进行不同的锻炼，并在其中学会控制自己的需要与性格，学会延缓需要的满足，学会解决矛盾，从而使自己的个性更趋于成熟。体育活动还是一种很好的增加人与人之间相互接触的形式。通过与他人的接触，可以使个体忘却烦恼和痛苦，消除孤独感。马赛等人在 1971 年的调查研究发现，外向型性格者的社会需要更强烈，这种社会需要可以通过跳舞、身体训练以及做操等集体性的体育活动得到充分满足。人们在体育活动中还必须学会遵守规则、尊重裁判、尊重对手，这些观念如果迁移到更广泛的社会生活中，则能有效地促进人的社会化进程，使人的个性日趋完善。

（五）体育锻炼对矫正某些心理缺陷有良好效果

人的身体和心理有密切的关系，健康的心理寓于健康的身体，心理不健康则会导致身体异常甚至患病。而体育锻炼被公认为是一种心理治疗方法。在青少年学生中，有不少人由于学习和其他方面的挫折而引起焦虑和抑郁症，通过体育锻炼可以减缓乃至消除这些心理疾病。这是因为人的心理并不是孤立的，心与身是相互联系、相互作用的，人的心理与人周围的环境、与周围的人也是相互协调、相互影响的。而体育这一社会活动则为人提供了一个珍贵的活动空间，在这一空间中，人的心理与身体、人与周围环境、人与周围的人能充分地交融在一起，从而促进人对环境的适应、促进人际关系，使人达到身心平衡，获得身心健康。

与此同时，如果某些人存在心理上特别是人格上的某些缺陷，也可在这一空间中通过参加不同项目的体育锻炼得到较好的矫治。例如，胆子较小、做事怕风险、容易脸红、容易难为情的人，可参加游泳、滑冰、滑雪、拳击、摔跤、平衡木等项目的锻炼，这些项目要求人们不断地克服害怕摔倒、跌痛等各种胆怯心态，以勇敢无畏的精神去面对困难，越过障碍；如对于不善与同伴交往、不合群的人，可以选择足球、篮球以及接力跑、拔河等集体项目；做事犹豫不决的人可以参加乒乓球、网球、羽毛球、跨栏跑、击剑等体育项目，这些活动中任何犹豫徘徊都将错失良机、导致失败，从而培养人果断的个性；对于容易急躁、感情易冲动的人可以参加下棋、太极拳、慢跑、远足、游泳、骑自行车、射击等活动，这些活动要求持久且有耐力，从而能增加自我控制能力，使情绪更加稳定，改变容易急躁、感情易冲动的特点；对于做事信心不足的人，可以选择一些简单易做的项目，如跳绳、俯卧撑、广播操、跑步等项目，使锻炼者看到自己的成绩，从而增强信心；对于遇事容易紧张的人，如考试总是心慌的人，可以参加足球、篮球、排球以及一些竞争性强的项目并参加比赛，这种比赛形式多变、紧张激烈，只有冷静、沉着，才能够在激烈的比赛中获得好成绩，经常参加这种运动就能够使人遇事不会过分紧张，更不会惊慌失措；对于自负的人，可以选择一些难度较大、动作复杂的项目，如跳水、体操、马拉松跑、艺术体操等，也可以找一些实力超过自己的对手下棋、打乒乓球、打羽毛球等，这样可以逐渐改变自己的骄傲之气。

因此，培养学生全面良好的素质，就需要身心健康、要有充沛的体力、饱满的精神和乐观的情绪，以保证发展积极的思维、良好的记忆、丰富的想象和集中的注意力。而体育新课程标准充分体现了时代性、健身性、趣味性、实用性，不仅着眼于传授体育基本技能、技术，树立终身体育意识，发展创造能力等，更主要的是通过体育教学活动，有助于学生从生理上、心理上、社会精神文明等方面促进提高，使"生命之树"长青，有充沛的精力去攀登科学高峰。

（六）体育锻炼可以增进大学生的心理卫生

1.适度的体育锻炼。人在受到某种挫折时，在大脑里会形成一个强刺激，从而引起一个兴奋灶使人陷入痛苦和懊丧之中。如果这时去从事体育运动（最好是两个人以上的运动项目），就可以转移大脑皮层中的兴奋中心，运动中枢的兴奋就会抑制痛苦中枢的兴奋性，这时候往往只注意身体的运动，而把烦恼抛到脑后，起到转移注意力的作用，有益于大脑活动的调节。

2.利用运动项目本身的特点，促进心理健康。经常进行篮、排、足球以及接力跑、拔河等集体项目的锻炼，在对抗比赛的过程中会让人慢慢地改变孤僻的习性，逐步适应与同伴的交往，团结互助。而参加游泳、溜冰、单双杠、跳马等项目的运动，则会使学生在运动中不断地克服害怕摔倒等胆怯心理，以勇敢无畏的精神去战胜困难，越过障碍，克服和消除腼腆、胆怯和自卑的心理障碍；参加乒乓球、网球、羽毛球、跨栏、跳高和跳远等活动，可克服犹豫、徘徊、优柔寡断的心理障碍，经常锻炼会变得坚强、果断；而下棋、打太极拳、气功等运动项目对调节神经活动、增强控制能力、克服急躁冲动的弱点有一定的益处。

3.充分利用体育课的主导作用，促进心理健康。有人做过调查，在体育教学过程中，师生、同学之间相互交往的次数越多，就越容易相互了解，相互交往的时间越长、密度越大，越容易产生共同的体验和感受。体育运动以群体的形式进行身体练习，学生之间相互接触合作，有利于调整个体与个体、个体与群体之间的复杂关系。在群体教学和练习过程中，学生为了学习和掌握运动技术和技能，完成规定的身体练习，不仅需要做体力上的努力，更需要教师和同学的友爱与关心、支持与协助、尊重和信赖、理解与团结。通过身心的不断努力，掌握动作技术，克服困难，磨炼意志，锻炼自己，也了解他人，从而获得心理和身体上的双丰收。

4.积极参加各项体育竞赛活动,哪怕作为一名观众也好。大多数学生有集体主义观念,关心和爱护集体的荣誉。不管是否上场参加比赛,都重在参与,这符合体育精神。在赛场上,可以看到同班同级乃至不同系科的学生,为了观看或参加比赛,可以抛开平时的怨恨、隔阂和距离,一起喜怒哀乐。这种非言语性的间接交流,对于相互理解和信任、合作和沟通等都是极为有利的,而且是极为重要的。因此,可借助体育竞赛的形式,卸掉平日过重的心理负担,平衡心态,以促进人际交流。体育比赛的特点就是公平竞争、优胜劣汰。观看比赛时,每当运动员不畏敌手、顽强拼搏,终于进球(或获胜)的片刻,许多同学都会呐喊、鼓掌、感动不已,仿佛自己也曾经历了一场激烈的竞争。比赛过程的跌宕,使他们压抑着的评判欲和表现欲得以释放。观看运动员精湛的技艺、顽强的精神,使学生积存的失落、悲观烦闷的内心重新得到前进的光明。观看比赛,可从胜利中体会到成功的价值,同时也从失败中得到人生的经验,树立必胜的信心,让人获得实现自我的真谛。通过比赛可以给郁积的各种消极情绪提供一个发泄口,尤其可以使遭受挫折后产生的冲动通过参加体育运动得到转移,可消除情绪障碍,减缓和治疗某些心理疾病,而且能培养学生不回避矛盾,敢于面对现实,奋力夺取胜利的良好心理素质,也有利于适应现代社会的竞争形势。调查结果表明,有90%的学生观看体育比赛时会激动呐喊助威就证明了这一点。应该看到,还有10%左右的学生对高校体育持否定态度。这一小部分学生限于一天的三点一线,即穿梭于寝室—教室—食堂,除了上课、读书还是离不开书,对校系班组织的文体活动漠不关心,认为与己无关。还有极少数的学生仅仅因为体育课是必修课,才硬着头皮应付,认为是额外负担。这些人不管是在运动场上,或比赛的场地上都很难找到他的身影,究其心理方面,存在心理障碍,在体育方面,也可能慢慢变成为"差生"。有关此方面的问题,还有待于广大的心理工作者和体育教师共同去研究解决。

二、结论与建议

(一)结论

通过调查研究,体育运动对大学生在校适应能力有着积极的促进作用。一是对生理适应能力的促进,增强体质差的大学生对疾病的免疫抵抗能力。二是对心理适应能力的提高与改善，提高大学生心理素质，加强大学生"耐挫能力"，减少大学生的不良心理导向。三是对学习专业基础知识能力的积极影响，培养大学生的感知能力，促进主动休息，提高学习效率。同时也表明有相当一部分的大学生对体育运动的认知程度很高，但还没有积极利用体育运动来提高自己的在校适应能力。目前我国高校因高度重视体育运动在大学生活中作用、影响，在深化教育改革、全面推进素质教育的同时，加大对体育文化的宣传力度，传承体育文化，加强体育场馆的建设，优化体育教育环境。从而使广大学生置身于一个自然和谐的体育环境氛围中，让学生的体育态度得到改善，形成良好的体育锻炼动机，将体育作为大学生活中不可缺少的一部分，最终形成"终身体育"的意识，为提高大学生在校适应能力发挥其潜在的作用。

（二）建议

1. 针对高校体育的特点，要求在对学校普通教师和医务工作人员等进行心理卫生知识教育的同时，对体育教师进行心理卫生知识的教育，让每位体育教师都认识到身心健康是紧密联系的，只教会学生锻炼身体的方法还不够，应结合体育的特点给学生提供心理卫生教育，使学生在进行体育运动时身心受益，做一名身心全面发展的合格大学生。

2. 针对心理障碍的变化过程和大学一年级学生的心理状况，应不失时机地在新生入学教育周进行心理卫生教育，帮助学生逐步认识他们将会遇到的各种困难和可能产生的心理困扰，使他们有接受现实和幻想冲击的心理准备，同时认识到遇到这些障碍的必然性。有计划、有步骤地开展"大学生生理和心理特征""科学用脑""应激与健康""科学锻炼身体的方法"等讲座，让学生掌握消除心理压力、释放心理能量及自我心理保健的科学知识和锻炼方法。

3. 开展丰富多彩的校园体育活动，充分发挥体育在健身、健心、娱乐和文化传递等方面的作用，组织许多不同内容、不同形式的体育活动，如校系及班的球类比赛、拔河比赛、登山和越野跑等集体活动，充实大学生的业余生活，陶冶学生的情操，建立良好的人际关系。

4. 针对大多数女生在异性面前既有自我表现的欲望，又较羞怯的矛盾心理，在她们掌握动作泛化阶段练习中，应尽量避开异性学生，特别是同班的男生，以消除羞怯的心理障碍。但在掌握动作的巩固阶段，可以利用性别的刺激来激发她们在异性面前自我表现的心理动机，加速正确动作自动化的进程，以此来提高她们练习的积极性。

5.针对体育竞赛与学生心理健康状况，高校体育组织应把体育竞赛视为一种业余体育文化，有意识地去安排它，并及时配以赛前班级动员、组织观看、赛后总结讲座等。

6.健全心理咨询和心理辅导机构。各高校应成立"学生健康教育领导小组"，负责研究学生的身心健康状况，专业人员应是精神医学专家与教育工作者的结合，制定衡量大学生心理健康的标准，找出影响心理健康的内因和外因，采取有效的防治措施。通过多种渠道进行心理卫生知识宣传和普及，如利用墙报、黑板报及报刊、广播电视等宣传工具，提高学生的心理保健意识和知识。

7.编写一套系统的《体育与心理健康》教学指导书和教学参考书，以适应体育师资的培养和教师备课需要，并将心理测量和心理调查与体育教学改革和科研相结合。在体育教学设计、实施和评价时，应充分考虑到如何促进学生心理健康，使之成为一名全面发展的人才。

第五节　体育锻炼对青少年的现实意义

一、锻炼的具体意义

（一）体育锻炼的实施目的

"青少年体育锻炼"是一项在国务院领导下，由国家体育总局同有关部门共同推进的依托社会、全民参与的为实现社会主义现代化目标而设置的社会系统工程，是动员和组织青少年积极投入各种形式的身体锻炼当中来，增强体质、提高国民素质的跨世界的群众体育发展战略规划。简而言之，体育锻炼就是动员和组织青少年参与身体锻炼的群众发展规划。普及全民锻炼、增强国民体质，这也是体育锻炼核心之所在。它也是调动社会各界的主动性、积极性,真正和健全适应社会主义市场经济的群众体育体系,推出切实可行的办法和措施,提高社会的体育意识、普及青少年的健身活动。

（二）青少年健身现状分析

随着经济的发展和社会的进步,青少年在实际生活中最为关注自己的是健康状态,为了增强体质而参与体育健身的积极性空前提高。众所周知,作为一项体育运动,客观上需要一定的场所、器材、经济投入等,主观上要求参与者必须有一定的体育技术和理论知识。但是目前就我国国内来说,有很大一部分人因为客观的原因无条件进行体育锻炼。尽管我们在青少年体育方面取得了很大的进步,但是仍然没有解决面向大众体育的服务问题。还有许多人主观上想通过体育来强身健体,但是缺乏基本的理论知识和健身指导。虽然全国有一定数量的健身指导员,但是与群众健身人数相比数量很少。

（三）特点

为了适应社会主义现代化建设的需要,明确青少年锻炼的目标与任务,确定实施的对象、对策、措施和步骤,作为一份指导性的纲领文件,它有主要以下几个特点。

1. 大众性

体育锻炼,顾名思义,就是全体人员的健身活动。政府制订计划实施青少年锻炼,就是为了推动国民经济的发展,以提高人们的整体素质和生活质量。

2. 重点、对象性

青少年锻炼实施的对象是全体人民,以青少年儿童为重点。青少年儿童是国家的未来,把青少年儿童作为重点来抓,是政府计划的重中之重。所以,我们的各级各类学校要全面贯彻党的教育方针,认真抓好学校体育工作,努力提高学生的身体素质,把学校体育真正作为全民基础来抓。

3. 科学性、标准性

提高全民的身体素质和健康水平,发挥体育科技队伍的骨干作用,把群众体育和青少年锻炼作为研究的重点,建立健全理论体系,挖掘整理我们的传统体育医疗、保健、康复等方面遗产，为群众体育提供大量的方法。同时制定体质测试标准并进行体质测试，人民就可以根据这些标准制定锻炼的方式和方法。

4.法规性

青少年锻炼是我国政府颁布的具有法规性质的文件，任何单位和个人的行为都不能与之相违背。

（四）实施青少年锻炼的具体作用

众所周知，体育与社会、政治、经济和人民的生活等诸多方面都有着广泛且密切的联系。可以预见，这一计划的实施，将会对我国社会产生巨大的综合促进作用。

青少年锻炼是以体育作为手段来提高整个中华民族的素质，此举不仅对整个民族的发展，而且对整个人类素质的提高都有着极其重要的意义。我国的经验将对其他国家，特别是第三国家有重要的借鉴作用。

青少年锻炼文件的颁布与实施，将极大地促进我国体育事业的发展。在诸如群体活动内容的完善与创新、体育事业基本要素的结构优化与功能改善、体育知识的普及、体育意识的培养及我国体育理论的发展等方面产生积极影响。

拉动内需带动体育产业经济，产生巨大的经济效益和社会效益，带动社会生产要素的改善、效率的提高、医疗费用的降低和社会稳定的提升。

青少年锻炼文件的颁布有利于普及体育知识，增强我国的体育人口，为竞技体育培养后备人才，有利于促进我国体育事业进一步发展。

青少年锻炼计划是一个宏伟的系统工程，具有工程性，即严格按计划、分阶段有步骤的具体实施。另外还很有系统性，突出了以培养青少年为重点，又可以逐步缩减社会不同阶层参与体育的差距和减少不同地区体育发展的不平衡。青少年锻炼的社会性，即建立社会主义市场经济体制相适应的青少年锻炼计划体制，使青少年锻炼在实现社会主义现代化建设的过程中不断地生活化、普及化、社会化、科学化、产业化。2021年国家体育总局印发《"十四五"体育发展规划》（以下简称《规划》），首次专章部署青少年体育工作，以加强体教融合为促进青少年体育健康发展的着力点，为"十四五"时期青少年体育发展指明了方向，对深入推动青少年体育工作高质量发展具有十分重要的意义。《"十四五"体育发展规划》是适应社会发展的新需要，改变抓竞技体育和群众体育中一手硬一手软的产物，这是中国体育的重大调整。它的颁布实施意味着中国体育之船有了一只精度高的新罗盘，以便把航向校得更加精确，以保证中国体育之船在 21 世纪航行得到更加快度、平稳，并且保持整个船队的整齐队形。

（五）青少年锻炼的现实意义

任何一种社会文化形态的存在都取决于其具有的社会价值。体育运动在当今的社会文化生活中同样具有这一特性——强身健体，服务于人的身心健康也是由体育运动的自身特点所决定的。青少年锻炼观念的形成是中国社会发展的现实要求，也是体育运动充分体现其社会实用价值的具体方式。体育与社会生活有着广泛且密切的联系，"青少年锻炼"计划的实施，对我国社会产生了重大的综合促进作用。可以说体育文化是最具有包容性的，有了这样的认识，体育在我们的观念中被丰富了，这也就拓宽了我们的思维，体育职能部门工作重心的调整，正是基于这样的认识，"青少年锻炼"计划的社会意义亦是如此。

1. 终身体育

"终身体育"是现代教育"终身教育"观念的延伸和应用，它主要涉及学校教育、社会教育、正规与非正规教育以及教育的各种方式和不同阶段。每个人无论是社会发展和促进自身的发展都必须不断地学习、不断地提高。"终身体育"也就是"终身教育"思想的组成部分。现代工业的文明、科学技术的发展和劳动生产率的提高、工时缩短和闲暇时间的增多成为社会进步的特征，然而，在现代科技发展带来福利的同时，人类的健康状况也拉响"警报"。现代的"文明病"如肥胖症、心血管疾病、神经衰弱等发病率达到了一个高峰位，故人们不得不大量借助于药物。人类要避免衰老、灾难，首先必须具备强烈的生命意识和充沛的生命活动，而要达到这个目的，就必须采取积极的生活方式，以惜时如金的态度、合理分配余暇时间、积极从事自己喜爱的有益于身心健康和个性发展的各项活动。"青少年锻炼"计划正是这种意义上实现终身体育锻炼目的的良好途径。

2. 锻炼是世界体育发展的大趋势

第二次世界大战以后世界大众体育发展大约经历了三个阶段：战后初期的萌芽

阶段。60—70年代的形成阶段。80年代以来的快速发展阶段。这一时期各国已经相继进入经济稳定增长时期,在生活水平不断地提高的同时,劳动强度和劳动时间反而下降,终身体育、休闲体育、快乐体育成为这一时期主流体育思想。战后世界体育的发展表明,大众体育的发展绝不仅仅是体育活动发展中一种量的变化,它意味着世界体育发展中一种质的变化,意味着社会对体育功能价值认识方面的新变化,并极大地影响着大众体育的发展。

(六)体育锻炼计划的意义

应当意识到锻炼计划的本质意义就是通过一种身体锻炼方式,对一个人的社会各方面施以积极性的影响,以局部的作用,取得整体改善的效果。由于人是一个有机的整体,身、心、群不可分割,又由于体育具有多种功能,不仅作用于生物的人,也作用于精神的人和社会的人。以身体健康促进整个生活方式的改善,不仅是可能的也是可行的。所以,普及青少年锻炼计划应该从以下几个方面着手。

第一,加强青少年锻炼活动的宣传力度,要充分地利用多种(新闻媒体)进行广泛宣传,除了宣传青少年锻炼活动的意义作用以外,还要重点宣传体育锻炼的科学性、有效性,使青少年锻炼活动有一个质的飞跃。

第二,拓宽青少年锻炼活动的投资渠道,在中央和地方政府资金投入主渠道的前提下逐步探索建立市、区、街道三级投资机制,动员全社会力量广开集资渠道,充分发挥各社区等多种形式筹措资金,以推进青少年锻炼活动的开展。

第三,加快完善社区基层体育组织,提高体育组织管理人员的素质,利用健身锻炼工程设施开展丰富的竞赛活动,同时强化社区体育指导,以适应青少年锻炼活动不断发展的需要。

参 考 文 献

［1］杨雪清.青少年体育价值取向研究［M］.成都：电子科技大学出版社，2017.

［2］李相如，杨铁黎.社会体育与青少年体育考察与调研报告案例［M］.北京：金盾出版社，2016.

［3］刘勃含.青少年体育知识博览［M］.北京：现代出版社，2013.

［4］马德森.审美视域下肥胖青少年体育锻炼行为的研究［M］.济南：山东人民出版社，2014.

［5］张春利.青少年体育活动知识问答［M］.长春：吉林摄影出版社，2013.

［6］刘树军.青少年室内体育指导［M］.上海：复旦大学出版社，2015.

［7］胡郁.青少年必知的体育知识［M］.北京：现代出版社，2012.

［8］李超.青少年应该知道的体育知识［M］.北京：光明日报出版社，2012.

［9］赵志远.青少年百科丛书 体育运动［M］.乌鲁木齐：新疆美术摄影出版社，2012.

［10］董桂双.快乐的民间幼儿体育游戏［M］.北京：北京出版社，2013.

［11］张立燕，吕昌民，田志升.学前教育专业体育与幼儿体育活动指导［M］.济南：山东人民出版社，2014.